号角

新时代『辽沈战役』进行时

《号角：新时代『辽沈战役』进行时》编委会 编著

辽宁人民出版社

图书在版编目（CIP）数据

号角：新时代"辽沈战役"进行时 /《号角：新时代"辽沈战役"进行时》编委会编著 . —沈阳：辽宁人民出版社，2023.4

ISBN 978-7-205-10752-9

Ⅰ . ①号… Ⅱ . ①号… Ⅲ . ①社会主义建设成就—辽宁 Ⅳ . ① D619.31

中国国家版本馆 CIP 数据核字（2023）第 065611 号

出版发行：辽宁人民出版社
地址：沈阳市和平区十一纬路 25 号　邮编：110003
电话：024-23284321（邮　购）　024-23284324（发行部）
传真：024-23284191（发行部）　024-23284304（办公室）
http://www.lnpph.com.cn
印　　刷：辽宁新华印务有限公司
幅面尺寸：170mm×230mm
印　　张：14
字　　数：191 千字
出版时间：2023 年 4 月第 1 版
印刷时间：2023 年 4 月第 1 次印刷
责任编辑：娄　瓴
助理编辑：贾妙笙　刘　明
装帧设计：丁末末
责任校对：吴艳杰
书　　号：ISBN 978-7-205-10752-9

定　　价：55.00 元

沈阳夜景

打赢这场新时代"辽沈战役"

一场新时代的"辽沈战役",已在 14.8 万平方公里的土地上打响!

"三年",是这场战役的时间跨度;"实现全面振兴新突破",是这场战役的进击方向。

辽宁,为何"新突破"?

这是习近平总书记的殷殷嘱托。

党的十八大以来,对东北、辽宁工作,习近平总书记始终念兹在兹、倾注心血,为搭建新时代振兴新格局亲自夯基筑台、立柱架梁。

面向"十四五",习近平总书记作出"新时代东北全面振兴'十四五'时期要有突破"的重要指示;2022 年 8 月在辽宁考察时提出,在新时代东北振兴上展现更大担当和作为,奋力开创辽宁振兴发展新局面;在党的二十大报告中再次明确提出,推动东北全面振兴取得新突破;在 2023 年新年贺词中强调,东北振兴蓄势待发。这些重要指示,饱含着总书记对辽宁的深切关怀、深情厚望。

感恩奋进,拼搏实干。推动全面振兴取得新突破,是一项十分重要的政治任务,是辽宁必须回答好的政治大考!

这是心怀"国之大者"的使命担当。

辽宁,不只是辽宁的辽宁,更是东北的辽宁、中国的辽宁。

"大工业＋大农业"，是辽宁产业格局的主要特征，肩负着维护国家国防安全、粮食安全、生态安全、能源安全、产业安全的政治使命。正如当年的那场辽沈战役，新时代的"辽沈战役"同样是事关全局的"决胜之战"。辽宁人，必须聚焦"国之所需，我之所能"，观大势、谋大局、抓大事，以自身的"新突破"，为东北振兴蹚出路子、做出样子，为服务国家重大战略提供有力支撑，为全面建设社会主义现代化国家贡献力量。

这是 4300 万辽沈儿女的热切期盼。

辽宁，曾为新中国建立独立完整的工业体系作出了卓越贡献，"共和国长子""新中国工业摇篮"等闪亮的标签深镌于历史的河床之上。然而，多年来，因体制机制、经济结构、开放合作、思想观念"四大短板"的羁绊，辽宁在高质量发展的道路上脚步有些迟缓，经济总量在全国位次不断后移。

"这不是辽宁该有的样子！"辽宁人不甘心、不服输、不气馁，憋着一股劲儿，立志要重振雄风、再创辉煌。三年行动，如嘹亮的号角，响彻城乡，传遍万家，必将点燃"同心干、一起拼"的斗志与激情。

辽宁，以何"新突破"？

全面振兴的征程上，辽宁有困难、有差距、有挑战，更有基础、有优势、有机遇。

有习近平新时代中国特色社会主义思想和总书记关于辽宁振兴发展重要讲话、重要指示批示精神的科学指引，有中国特色社会主义的强大优势，有中国式现代化的强劲带动，有中央支持的持续加码、精准施策，辽宁一定会与兄弟省份"琴瑟和鸣，齐头并进"。

有全省上下经过多年艰苦奋斗打下的坚实基础，有"已经走出最困难时期"的良好势头，有区位、产业、资源、科教、人才、基础设施等方面的禀赋要素支撑，辽宁一定会在推动高质量发展、构建新发展格局中大有可为，大有作为。

这些，都是辽宁的信心所在、力量所在！

从 2022 年底召开的省委经济工作会议提出"启动实施全面振兴新突破三年行动"，到 2023 年 2 月省委十三届五次会议审议通过三年行动方案，辽宁已经敲响了"催征鼓"、明确了"任务书"、立下了"军令状"。眼下，俯瞰辽沈大地，行走东西南北，全省各领域各战线正按图施工、挂图作战，将科学的"顶层设计"变为基层的"细密针脚"，一幅壮美的锦绣画卷在我们脚下徐徐铺展。

汉语词典中，对"突破"一词的解释是：打破（困难、限制等）。与 70 多年前的"辽沈战役"一样，今天的这场硬仗，注定诸多阻碍、一路艰辛。不同的是，这次，最大的敌人是我们自己。只要我们拿出"辽老大"的底气、志气、骨气，保持"日拱一卒无有尽"的韧劲、"不破楼兰终不还"的冲劲、"逢山开路，遇水架桥"的闯劲，他日，终会"直挂云帆济沧海"。

辽宁的 2023—2025，注定会成为极为关键的"历史区间"。能否把握住这个短暂的"窗口期"，关乎当下，决定未来。

大干三年，奋斗三年！必须全胜，必能全胜！

丹东市宽甸满族自治县振江镇绿江村，
被誉为北方"香格里拉"

行动

第三篇

————

抢抓"十四五"后三年重要窗口期，
大干三年、奋斗三年

战场

第四篇

实现全面振兴新突破，
重在实干，要在执行，贵在落实

习近平总书记对辽宁高度重视，念兹在兹、充满期待，多次发表重要讲话、作出重要指示批示，亲自推动解决重大问题，为辽宁振兴发展指明了前进方向、提供了根本遵循。特别是面向"十四五"，习近平总书记作出"新时代东北全面振兴'十四五'时期要有突破"的重要指示；2022 年 8 月在辽宁考察时提出，在新时代东北振兴上展现更大担当和作为，奋力开创辽宁振兴发展新局面；在党的二十大报告中再次明确提出，推动东北全面振兴取得新突破；在 2023 年新年贺词中强调、东北振兴蓄势待发。

嘱托

第一篇

———

东北振兴蓄势待发

推动东北全面振兴取得新突破

大力实施振兴东北地区等
老工业基地战略

2013 年 3 月 6 日
参加十二届全国人大一次会议辽宁代表团的审议

■ 要进一步做好攻坚克难、艰苦创业的思想准备和工作准备，大力实施
振兴东北地区等老工业基地战略，加快建设社会主义新农村，全面增
强工业核心竞争力，促进资源型城市可持续发展，建设向东北亚开放
的重要枢纽。要大力做好保障和改善民生工作，注重关心生活困难群
众，让群众得到看得见、摸得着的实惠。

■ 要大力加强思想道德建设。雷锋、郭明义、罗阳身上所具有的信念的
能量、大爱的胸怀、忘我的精神、进取的锐气，正是我们民族精神的
最好写照，他们都是我们"民族的脊梁"。要充分发挥各方面英模人物
的榜样作用，大力激发社会正能量，为实现"中国梦"提供强大精神
动力。

深入实施创新驱动发展战略
为振兴老工业基地增添原动力

2013 年 8 月 28 日至 31 日

在辽宁考察

■ 全面振兴东北地区等老工业基地是国家既定战略，要总结经验、完善政策，深入实施创新驱动发展战略，增强工业核心竞争力，形成战略性新兴产业和传统制造业并驾齐驱、现代服务业和传统服务业相互促进、信息化和工业化深度融合的产业发展新格局，为全面振兴老工业基地增添原动力。

■ 海洋事业关系民族生存发展状态，关系国家兴衰安危。要顺应建设海洋强国的需要，加快培育海洋工程制造业这一战略性新兴产业，不断提高海洋开发能力，使海洋经济成为新的增长点。

■ 高新区是科技的集聚地，也是创新的孵化器。看一个高新区是不是有竞争力、发展潜力大不大，关键是看能不能把"高"和"新"两篇文章做实做好。高新区要择优引入企业和项目，不能装进篮子都是"菜"。希望高新区抓好科技、人才、政策等要素配置组合，把推动信息化和工业化深度融合落实到具体行业、具体产业、具体产品上。

■ 要发展集战略性新兴产业和先进制造业于一身的高端装备制造业，培育新兴装备制造产业集群。要大力培育支撑中国制造、中国创造的高技能人才队伍。年轻一代坚定创新超越、产业报国的远大志向，为发展壮大实体经济多作贡献。

■ 让老百姓过上好日子是我们一切工作的出发点和落脚点。老工业基地前些年下岗人员相对集中，党和政府要切实关心他们及其家庭的工作和生活，加强社区服务特别是针对老年人的服务，做好就业再就业工作，让在就业创业上需要帮助的群众都得到帮助、在生活上需要保障的群众都得到保障。

■ 老工业基地很多企业浴火重生的实践说明，无论是区域、产业还是企业，要想创造优势、化危为机，必须敢打市场牌、敢打改革牌、敢打创新牌。要抓住新一轮世界科技革命带来的战略机遇，发挥企业主体作用，支持和引导创新要素向企业集聚，不断增强企业创新动力、创新活力、创新实力。

■ 着力改进干部作风，是应对复杂矛盾、做好当前各项工作的重要保证。作风问题根本上是党性问题。改进作风要举一反三，透过作风看党性，在解决作风问题的基础上解决好党性问题。领导干部要把深入改进作风与加强党性修养结合起来，自觉讲诚信、懂规矩、守纪律，襟怀坦白、言行一致，心存敬畏、手握戒尺，对党忠诚老实，对群众忠诚老实，做到台上台下一种表现，任何时候、任何情况下都不越界、越轨。

上 / 营口港内贸集装箱海铁联运年度发运量首次突破百万标箱

下 / 辽宁滨海实验室建设如火如荼

加大支持力度　增强内生动力
加快东北老工业基地振兴发展

2015 年 7 月 17 日

在长春召开部分省区党委主要负责同志座谈会

■ 无论从东北地区来看，还是从全国发展来看，实现东北老工业基地振兴都具有重要意义。振兴东北老工业基地已到了滚石上山、爬坡过坎的关键阶段，国家要加大支持力度，东北地区要增强内生发展活力和动力，精准发力，扎实工作，加快老工业基地振兴发展。

■ 当前，我国经济形势和运行态势总体是好的。经济发展长期向好的基本面没有变，经济韧性好、潜力足、回旋空间大的基本特质没有变，经济持续增长的良好支撑基础和条件没有变，经济结构调整优化的前进态势没有变。新的增长点正在加快孕育并不断破茧而出，新的增长动力正在加快形成并不断蓄积力量。经济发展前景仍然广阔，对此一定要有信心。

■ 党中央对东北地区发展历来高度重视。东北地区人口、资源、产业、人才、基础设施、区位等支撑能力很强，发展空间和潜力巨大。实施东北地区等老工业基地振兴战略 10 多年来，中央采取了一系列支持、帮助、推动东北地区发展的专门措施，各级各有关方面做了大量工作，促使东北老工业基地经济社会发展迈上新台阶。实践证明，党中央作出的实施东北地区等老工业基地振兴战略的重大决策是正确的，东北老工业基地振兴的前景是广阔的。

■ 事物发展总是与各种矛盾相伴相生。目前东北地区发展遇到新的困难和挑战，这其中有全国"三期叠加"等共性方面的原因，也有东北地区产业结构、体制机制等个性方面的原因。有矛盾有风险本身并不可怕，关键要有化解矛盾和排除风险的决心和办法，不能在困难和挑战面前束手无策、无所作为。千难万难，只要重视就不难；大路小路，只有行动才有出路。要深入研究在注重质量和效益前提下保持经济稳定增长的举措和办法，多从内因着眼、着手、着力，找准症结就有的放矢、对症下药。

■ 着力完善体制机制、着力推进结构调整、着力鼓励创新创业、着力保障和改善民生。

◎ 坚决破除体制机制障碍，形成一个同市场完全对接、充满内在活力的体制机制，是推动东北老工业基地振兴的治本之策。要坚持社会主义市场经济改革方向，积极发现和培育市场，进一步简政放权，优化营商环境，从放活市场中找办法、找台阶、找出路。东北地区国有企业比重大、基础好。要深化国有企业改革，完善企业治理模式和经营机制，真正确立企业市场主体地位，增强企业内在活力、市场竞争力、发展引领力。

◎ 东北地区工业结构比较单一，传统产品占大头、"原"字号"初"字号产品居多，这种状况改变得越快越主动。结构优化要多策并举，"加减乘除"一起做。要把装备制造业做大做强，加快培育战略性新兴产业，大力发展服务业，改造提升传统产业，扩大基础设施建设，积极

▲ 特变电工沈阳变压器集团有限公司金属结构车间以"数字化建设"为手段，通过引入焊接机器人、法兰机器人等智能化生产设备，让老车间旧貌换新颜。这些工业机器人的应用，既提高了生产效率，也保证了产品质量的稳定性

发展民营经济。要深入实施创新驱动发展战略，把推动发展的着力点更多放在创新上，发挥创新对拉动发展的乘数效应。要减少政府对市场的不合理干预和对市场主体的不合理管制。要加快发展现代化大农业，积极构建现代农业产业体系、生产体系、经营体系，使现代农业成为重要的产业支撑。

◎ 抓创新就是抓发展，谋创新就是谋未来。不创新就要落后，创新慢了也要落后。要激发调动全社会的创新激情，持续发力，加快形成以创新为主要引领和支撑的经济体系和发展模式。要积极营造有利于创新的政策环境和制度环境，对看准的、确需支持的，政府可以采

▲ 新松工业机器人批量应用于汽车智能制造工厂

取一些合理的、差别化的激励政策。要改善金融服务，疏通金融进入实体经济特别是中小企业、小微企业的管道。

◎ 抓民生也是抓发展。要在保障基本公共服务有效供给基础上，积极引导群众对居家服务、养老服务、健康服务、文体服务、休闲服务等方面的社会需求，支持相关服务行业加快发展，培育形成新的经济增长点，使民生改善和经济发展有效对接、相得益彰。要着力保障民生建设资金投入，全力解决好人民群众关心的教育、就业、收入、社保、医疗卫生、食品安全等问题，保障民生链正常运转。民生工作直接同老百姓见面、对账，来不得半点虚假，既要积极而为，又要量力而行，承诺了的就要兑现。

供给侧结构性改革
是辽宁振兴必由之路

2017年3月7日
参加十二届全国人大五次会议辽宁代表团审议

■ 要推进供给侧结构性改革，推进国有企业改革发展，推进干部作风转变，深入实施东北老工业基地振兴战略，全面做好稳增长、促改革、调结构、惠民生、防风险各项工作。

■ 供给侧结构性改革是辽宁振兴必由之路。要抓住主要矛盾，明确主攻方向，推进辽宁供给侧结构性改革继续取得新进展，下决心振兴辽宁工业，再创辽宁工业辉煌。不论经济发展到什么时候，实体经济都是我国经济发展、在国际经济竞争中赢得主动的根基。辽宁老工业基地是靠实体经济起家的，新一轮振兴发展也要靠实体经济。要重点抓好产业转型升级，形成具有持续竞争力和支撑力的工业体系，推动形成战略性新兴产业和传统制造业并驾齐驱、现代服务业和传统服务业相互促进、信息化和工业化深度融合、军民融合发展的结构新格局。

■ 要把国有企业作为辽宁振兴的"龙头"，坚定不移把国有企业做强做优做大，培育核心竞争力，争当创新驱动发展先行军，加快培育具有较强创新精神和创新能力的企业科技人才队伍。要优化国有资本布局，全面落实国有资产保值增值责任，防止国有资产流失和重大风险事件发生。

■ 要以推进干部作风转变为抓手，全面推进干部队伍建设。一个地方要实现政通人和、安定有序，必须有良好政治生态。政治生态污浊，就会滋生权欲熏心、阳奉阴违、结党营私、团团伙伙、拉帮结派等一系列问题，侵蚀党的思想道德基础。要严肃党内政治生活，深入整治选人用人不正之风，坚持正确用人导向，真正把忠诚党和人民事业、做人堂堂正正、干事干干净净的干部选拔出来，形成风清气正的良好政治生态。

辽河流域是辽宁省、东北地区乃至全国的首善经济区

解放思想锐意进取深化改革破解矛盾
以新气象新担当新作为推进东北振兴

2018 年 9 月 25 日至 28 日
在东北三省考察并主持召开深入推进东北振兴座谈会

■ 国有企业地位重要、作用关键、不可替代，是党和国家的重要依靠力量。同时，国有企业要改革创新，不断自我完善和发展。要一以贯之坚持党对国有企业的领导，一以贯之深化国有企业改革，努力实现质量更高、效益更好、结构更优的发展。

■ 我国实行的是公有制为主体、多种所有制经济共同发展的基本经济制度。党中央历来支持和鼓励民营企业发展，党的十八大以来党中央出台一系列扶持民营经济发展的改革举措，民营企业要坚定信心。要坚持"两个毫不动摇"，为民营企业发展营造良好的法治环境和营商环境，依法保护民营企业权益，鼓励、支持、引导非公有制经济继续发展壮大。

■ 雷锋是时代的楷模，雷锋精神是永恒的。实现中华民族伟大复兴，需要更多时代楷模。我们既要学习雷锋的精神，也要学习雷锋的做法，把崇高理想信念和道德品质追求转化为具体行动，体现在平凡的工作生活中，作出自己应有的贡献，把雷锋精神代代传承下去。

■ 开展采煤沉陷区综合治理，要本着科学的态度和精神，搞好评估论证，做好整合利用这篇大文章。……党中央投入大量资金解决棚户区和采煤沉陷区综合治理问题，很有必要，也很值得。资源枯竭型城市在转型发展中首先要解决好民生问题、保障好困难群众生活。

■ 东北地区是我国重要的工业和农业基地，维护国家国防安全、粮食安全、生态安全、能源安全、产业安全的战略地位十分重要，关乎国家发展大局。新时代东北振兴，是全面振兴、全方位振兴，要从统筹推进"五位一体"总体布局、协调推进"四个全面"战略布局的角度去把握，瞄准方向、保持定力，扬长避短、发挥优势，一以贯之、久久为功，撸起袖子加油干，重塑环境、重振雄风，形成对国家重大战略的坚强支撑。

■ 深入推进东北振兴，一是以优化营商环境为基础，全面深化改革。要坚定改革信心，在谋划地区改革发展思路上下功夫，在解决突出矛盾问题上下功夫，在激发基层改革创新活力上下功夫。要重点从有利于深化供给侧结构性改革、有利于加快培育经济增长新动能、有利于激发各类市场主体活力、有利于增强人民群众获得感、有利于调动保护广大干部群众积极性等方面完善改革思路，做实改革举措，释放改革活力，提高改革效能。要多方面采取措施，创造拴心留人的条件，让各类人才安心、安身、安业。二是以培育壮大新动能为重点，激发创新驱动内生动力。要依靠创新把实体经济做实、做强、做优，坚持凤凰涅槃、腾笼换鸟，积极扶持新兴产业加快发展，尽快形成多点支撑、多业并举、多元发展的产业发展格局。三是科学统筹精准施策，构建协调发展新格局。要培育发展现代化都市圈，加强重点区域和重点领域合作，形成东北地区协同开放合力。要以东北地区与东部地区对口合作为依托，深入推进东北振兴与京津冀协同发展、长江经济带发展、粤港澳大湾区建设等国家重大战略的对接和交流合作，使南北互动起来。四是更好支持生态建设和粮食生产，巩固提升绿色发展优势。要贯彻绿水青山就是金山银山、冰天雪地也是金山银山的理念，落实和深化国有自然资源资产管理、生态环境监管、国家公园、生态补偿等生态文明改革举措，加快统筹山水林田湖草治理，使东北地区天更蓝、山更绿、水更清。要充分利用东北地区的独特资源和优势，推进寒地冰雪经济加快发展。五是深度融入共建"一带一路"，建设开放合作高地。要加快落实辽宁自由贸易试验区重点任务，完善重点边境口岸基础设施，发展优势产业群，实现多边合作、多方共赢。六是更加关注补齐民生领域短板，让人民群众共享东北振兴成果。要确保养老金按时足额发放，确保按时完成脱贫任务，完善社会救助体系，保障好城乡生活困难人员基本生活。要加大东北地区公共基础设施领域的投资力度，支持东北地区轨道交通、集中供热、网络宽带等城市基础设施建设。

■ 坚持和加强党的全面领导是东北振兴的坚强保证。要加强东北地区党的政治建设，全面净化党内政治生态，营造风清气正、昂扬向上的社会氛围。要加快建设一支高素质干部队伍，提高领导能力专业化水平。领导干部要带头转变作风、真抓实干，出真招、办实事、求实效，防止和克服形式主义、官僚主义。政治生态同自然生态一样，污染容易，治理不易。要坚持无禁区、全覆盖、零容忍，坚决查处各类腐败案件，始终保持党同人民的血肉联系。

上／　河口位于丹东市宽甸满族自治县境内，鸭绿江百里黄金旅游带的中上游。图为具有自然
　　　景观代表性的万亩桃园

下／　宜居宜游的盘锦市大洼区王家街道石庙子村

在新时代东北振兴上展现更大担当和作为
奋力开创辽宁振兴发展新局面

2022 年 8 月 16 日至 17 日
在辽宁考察

■ 要贯彻党中央决策部署，坚持稳中求进工作总基调，统筹疫情防控和经济社会发展工作，统筹发展和安全，完整、准确、全面贯彻新发展理念，坚定不移推动高质量发展，扎实推进共同富裕，加快推进治理体系和治理能力现代化，深入推进全面从严治党，在新时代东北振兴上展现更大担当和作为，奋力开创辽宁振兴发展新局面。

■ 良好生态环境是东北地区经济社会发展的宝贵资源，也是振兴东北的一个优势。要把绿色发展理念贯穿到生态保护、环境建设、生产制造、城市发展、人民生活等各个方面，加快建设美丽中国。生态文明建设能够明显提升老百姓获得感，老百姓体会也最深刻。要坚持治山、治水、治城一体推进，科学合理规划城市的生产空间、生活空间、生态空间，多为老百姓建设休闲、健身、娱乐的公共场所。

■ 党中央高度重视东北振兴。党的十八大以来，党中央实施深入推进东北振兴战略，我们对新时代东北全面振兴充满信心、也充满期待。

■ 党中央实施创新驱动发展战略，格外重视自主创新，格外重视创新环境建设，努力提升我国产业水平和实力，推动我国从经济大国向经济强国、制造强国转变。当前，经济全球化遭遇逆流，保护主义抬头，但我们要坚持敞开大门搞建设。我国发展既要扎扎实实、步步为营，又要开放包容、互利共赢，积极构建以国内大循环为主体、国内国际双循环相互促进的新发展格局。要坚持自力更生，把国家和民族发展放在自己力量的基点上，牢牢掌握发展主动权。全面建设社会主义现代化强国，实现第二个百年奋斗目标，必须走自主创新之路。要时不我待推进科技自立自强，只争朝夕突破"卡脖子"问题，努力把关键核心技术和装备制造业掌握在我们自己手里。

■ 小康梦、强国梦、中国梦，归根到底是老百姓的"幸福梦"。中国共产党的一切奋斗都是为人民谋幸福。他指出，老旧小区改造是提升老百姓获得感的重要工作，也是实施城市更新行动的重要内容。要聚焦为民、便民、安民，尽可能改善人居环境，改造水、电、气等生活设施，更好满足居民日常生活需求，确保安全。要加强社区服务，提升服务功能。老人和小孩是社区最常住的居民，"一老一幼"是大多数家庭的主要关切。我国已经进入老龄化社会。要大力发展老龄事业和老龄产业，有条件的地方要加强养老设施建设，积极开展养老服务。未成年人健康成长事关国家和民族未来，事关千千万万家庭幸福安康。社区要积极开展各种公益性课外实践活动，促进未成年人身体健康、心理健康、心灵健康。要加强社区基层党组织建设，加强和改进社区工作，推动更多资源向社区倾斜，让老百姓体会到我们党是全心全意为人民服务的，党始终在人民群众身边。祝愿大家在新时代东北全面振兴发展中生活一天比一天好。

春阳熙暖，东风浩荡。生机盎然的辽沈大地上，处处激荡着蓬勃向上的振兴力量。

　　2023 年 2 月 21 日至 22 日，备受瞩目的省委十三届五次全会在沈阳举行。会议全面贯彻党的二十大精神和习近平总书记关于东北、辽宁振兴发展的重要讲话和指示批示精神，总结 2022 年以来辽宁各项工作取得的新进展新成效，审议通过《辽宁全面振兴新突破三年行动方案（2023—2025 年）》，明确了"任务书"，绘就了"作战图"，敲响了"催征鼓"，在全面振兴的关键节点上，留下浓重一笔。

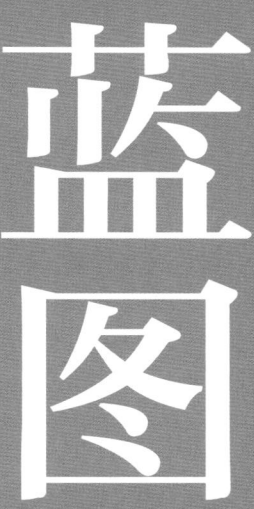

第二篇

———

宏伟蓝图已经绘就

进军号角已经吹响

《辽宁全面振兴新突破三年行动方案（2023—2025 年）》概览

■ 三年行动总体要求

◎ 指导思想

以习近平新时代中国特色社会主义思想为指导，全面贯彻党的二十大精神，深刻领悟"两个确立"的决定性意义，增强"四个意识"、坚定"四个自信"、做到"两个维护"，深入贯彻落实习近平总书记关于东北、辽宁振兴发展的重要讲话和指示批示精神，扎实推进中国式现代化，坚持稳中求进工作总基调，完整、准确、全面贯彻新发展理念，主动服务和融入新发展格局，着力推动高质量发展，更好统筹疫情防控和经济社会发展，更好统筹发展和安全，履行维护国家"五大安全"政治使命，着力补齐"四个短板"，扎实做好"六项重点工作"，持续做好结构调整"三篇大文章"，全面深化改革开放，纵深推进全面从严治党，以新气象新担当新作为奋力实现全面振兴新突破，为全面建设社会主义现代化国家贡献辽宁力量。

◎ 基本原则

坚持高质量发展。把高质量发展作为首要任务，更好统筹扩大内需和深化供给侧结构性改革，推动经济实现质的有效提升和量的合理增长，坚决不要带水分的 GDP，坚决不要带污染的 GDP，坚决不要带血的 GDP。

坚持解放思想、改革创新。 以思想大解放引领全面振兴新突破，着力在谋划改革发展思路上下功夫，在解决突出矛盾问题上下功夫，在激发改革创新活力上下功夫，让干部敢为、地方敢闯、企业敢干、群众敢首创。

坚持以人民为中心的发展思想。 践行党的根本宗旨，发展为了人民、发展依靠人民，在发展中保障和改善民生，用心用力用情解决好人民群众急难愁盼问题，扎实推进共同富裕，让振兴发展成果更多惠及人民群众。

坚持统筹发展和安全。 强化底线思维、系统观念，处理好抓发展与防风险的关系，以安全保发展、以发展促安全，牢牢守住不发生系统性风险底线，推动振兴发展行稳致远。

坚持目标导向。 保持战略定力，紧盯发展目标，创新工作思路，科学谋划超常规举措，扎实做好基础工作，埋头苦干、狠抓落实，比学赶超、争先进位，确保全面振兴取得新突破。

坚持发扬斗争精神。 坚定斗争意志，增强斗争本领，敢于直面问题，善于打破僵局，在机遇面前主动出击，在困难面前迎难而上，在风险面前积极应对，依靠顽强斗争赢得发展主动。

◎ **总体目标**

通过三年努力，维护国家"五大安全"能力显著提升，高质量发展迈上新台阶，结构调整步伐加快，创新能力显著增强，数字辽宁、智造强省建设成效明显，改革开放取得重大进展，营商环境实现根本好转，"一圈一带两区"建设加快推进，生态环境建设取得扎实成效，社会治理能力不断增强，人民生活品质持续改善，形成营商环境好、创新能力强、区域格局优、生态环境美、开放活力足、幸福指数高的振兴发展新局面，以中国式现代化辽宁实践推动全面振兴取得新突破。

经济实力实现新跨越。 2023 年地区生产总值增速赶上全国水平，2024 年超过全国水平，2025 年如期实现"十四五"目标。

创新能力实现新跃升。具有全国影响力的区域科创中心建设取得明显成效，一批重点领域关键核心技术取得突破。

结构调整迈出新步伐。现代化产业体系建设取得重大进展，产业基础高级化和产业链安全水平大幅提升。

改革开放取得新成效。营商便利度进入全国先进行列，要素市场化配置机制更加健全，对外开放新前沿基本形成。

区域发展形成新格局。中心城市辐射带动作用显著增强，沿海与腹地良性互动，乡村振兴取得明显成效，城乡区域协调性明显增强，形成优势互补、高质量发展的区域经济新格局。

绿色发展取得新进展。生产生活方式绿色转型成效显著，生态安全屏障更加牢固。

民生福祉达到新水平。城乡居民人均可支配收入增速与经济增长同步，基本公共服务均等化水平明显提高，多层次社会保障体系更加健全，基本实现城乡居民养老保险应保尽保。

安全能力实现新提升。保障国家安全能力显著增强，安全底线守得更牢，社会更加和谐稳定。

■ 三年行动保障措施

加强党的全面领导。坚持把党的领导贯穿全面振兴新突破三年行动各方面全过程，充分发挥地方党委把方向、管大局、作决策、保落实的重要作用。

强化组织协调推动。省委成立全面振兴新突破三年行动领导小组，省政府成立全面振兴新突破三年行动指挥部。省级领导按照分工，对分管领域落实情况加强指导调度，建立重大项目、重点工程、重要工作专班专人推进机制。各地区各单位要加强组织领导。制定贯彻落实具体方案。人大、政协及群团组织要发挥各自优势，积极参与，贡献力量。

实施督查考核评估。建立督查考核评估机制。细化考评指标，做到可量化、可考核、可评估。建立实时在线的督促督办系统，常态化开展督查检查，实行半年通报、年度考核，将考核结果作为干部选拔任用的重要依据。

加强重大政策研究。密切关注国家战略导向和政策取向，提前做好政策需求研究，积极争取中央支持。坚持"走出去、请进来"，学习先进地区经验做法。加强与东北地区各省（区）沟通协作。研究解决共性政策难题。研究制定出台相关配套政策。

营造良好发展氛围。加强舆论引导，做好方案的解读和阐释，凝聚人心、形成共识，激发全省上下干事创业斗志。加大宣传力度。全方位、多角度、立体化反映三年行动中的新进展新成效，向外界展示辽宁的新气象新变化，释放良好预期、提振发展信心。注重挖掘推广一批特色做法和典型经验。以先进促后进，形成比学赶超，争先进位的浓厚氛围。

■ 三年行动重点任务

坚持把扩大内需战略同深化供给侧结构性改革有机结合起来，着力扩大有收入支撑的消费需求、有合理回报的投资需求、有本金和债务约束的金融需求，为实现经济质的有效提升和量的合理增长提供强力支撑。

三年行动重点任务

10 个 新突破

 1 积极扩大有效需求，在推动经济增长上实现新突破

坚持把扩大内需战略同深化供给侧结构性改革有机结合起来，着力扩大有收入支撑的消费需求、有合理回报的投资需求、有本金和债务约束的金融需求，为实现经济质的有效提升和量的合理增长提供强力支撑。

- 全力以赴扩大有效投资
- 千方百计提振消费
- 综合施策扩大进出口

 2 加快产业结构调整，在建设现代化产业体系上实现新突破

坚持把发展经济的着力点放在实体经济上，持续做好结构调整"三篇大文章"，建设数字辽宁、智造强省，提升产业基础能力和产业链现代化水平，推动短板产业补链、优势产业延链、传统产业升链、新兴产业建链，增强产业发展的接续性和竞争力，基本形成多点支撑、多业并举、多元发展的产业发展新格局。

- 建成三个万亿级产业基地
- 发展壮大战略性新兴产业
- 加快发展数字经济
- 提高产业链供应链安全水平
- 做优做强现代建筑业
- 大力发展现代服务业
- 建设食品工业大省
- 提升园区发展能级
- 加强质量标准品牌建设

 3 强化科技教育人才支撑，在塑造发展新动能上实现新突破

深入实施科教兴省、人才强省、创新驱动发展战略，坚持教育发展、科技创新、人才培养一体推进，坚持原始创新、集成创新、开放创新一体设计，坚持创新链、产业链、人才链一体部署，着力将科教人才资源优势转化为创新发展优势。

- 创建具有全国影响力的区域科技创新中心
- 打赢关键核心技术攻坚战
- 实施科技型企业培育计划
- 实施人才强省战略
- 加快建设教育强省

 4 深化重点领域改革，在推进体制机制创新上实现新突破

加强改革系统集成、协同高效，破除体制机制障碍，推动营商环境根本好转，提升市场主体和群众的获得感和满意度。

- 持续优化营商环境
- 开展新一轮国企改革提升行动
- 深化财税体制改革
- 推动要素市场化改革
- 防范化解重点经济领域风险

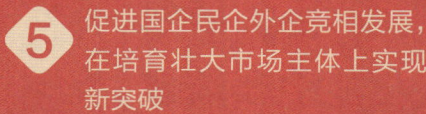

5 促进国企民企外企竞相发展，在培育壮大市场主体上实现新突破

坚持"两个毫不动摇"，选派万名领导干部扎实开展助企帮企活动，增强市场主体信心，激发市场主体活力，形成大企业顶天立地、中小企业铺天盖地的发展态势。

- 发展壮大民营经济
- 积极引进外资企业
- 做强做优做大国有企业
- 开展央地合作提升行动

6 提升开放合作水平，在打造对外开放新前沿上实现新突破

强化开放意识，发挥区位优势，深度融入共建"一带一路"，着力推进高水平对外开放。

- 深化重点区域国际合作
- 构建高能级开放合作平台
- 建设东北海陆大通道

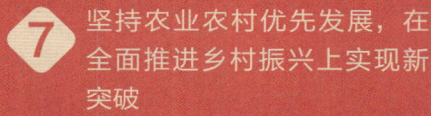

7 坚持农业农村优先发展，在全面推进乡村振兴上实现新突破

加快建设农业强省，保障国家粮食安全，壮大县乡经济实力，稳步提高农村居民收入，建设宜居宜业和美乡村。

- 完善现代农业产业体系
- 培育壮大乡村产业新业态
- 实施乡村建设行动

9 推进美丽辽宁建设，在绿色低碳发展上实现新突破

坚持人与自然和谐共生，统筹产业结构调整、污染治理、生态保护、应对气候变化，协同推进降碳、减污、扩绿、增长，加快建设天更蓝、山更绿、水更清、生态环境更美好的美丽家园。

- 稳步推进碳达峰碳中和
- 深入推进污染防治
- 加强生态保护和修复

8 统筹"一圈一带两区"建设，在促进区域协调发展上实现新突破

坚持区域、城乡、陆海统筹，突出沈阳、大连"双核"引领作用，率先实现全面振兴新突破，带动各地竞相发展，加快构建优势互补、高质量发展的区域经济布局。

- 推进沈阳现代化都市圈一体化发展
- 高质量建设沿海经济带
- 建设辽西融入京津冀协同发展战略先导区
- 加快发展辽东绿色经济区
- 增强县域经济综合实力
- 建设海洋经济强省

10 不断增进民生福祉，在提高人民生活品质上实现新突破

自觉践行以人民为中心的发展思想，强保障、防风险、保安全，突出内涵、品质，全面打好文明城市创建翻身仗，加快解决重点领域民生问题，不断满足人民群众对美好生活的向往。

- 促进高质量充分就业
- 提高城乡居民收入
- 健全社会保障体系
- 推进健康辽宁建设
- 积极应对人口老龄化
- 建设文化体育强省
- 实施城市更新行动
- 提高公共安全治理水平
- 完善社会治理体系

以实施全面振兴新突破三年行动为引领 奋力谱写推进中国式现代化辽宁新篇章

——在中共辽宁省委十三届五次全会第二次全体会议上的讲话

（2023 年 2 月 22 日）

郝　鹏

中共辽宁省委十三届五次全会，既是一次实施全面振兴新突破三年行动的动员会，也是一次明确任务、压实责任的部署会，更是一次凝聚力量、激发斗志的誓师会。全会审议通过的《辽宁全面振兴新突破三年行动方案（2023—2025 年）》，是坚决打赢新时代东北振兴、辽宁振兴的"辽沈战役"，奋力推进中国式现代化辽宁实践，实现全面振兴新突破的任务书、作战图，全省各地区各部门各单位要认真抓好贯彻落实。

一、充分认识实施三年行动的重大意义，切实增强实现新突破的使命感责任感紧迫感

实施全面振兴新突破三年行动，是落实习近平总书记重要指示精神、在新时代东北振兴上展现更大担当和作为的必然要求，是贯彻党的二十大精神、谱写中国式现代化辽宁新篇章的实际行动，是辽宁更好服务和融入新发展格局、实现高质量发展的现实需要，也是落实省"十四五"规划、省第十三次党代会精神的重要举措。全省上下已经形成共识，社会各界高度关注。各级党组织和党员干部要把思想和行动统一到省委部署要求上来，充分认识实施三年行动的重要性和紧迫性，切实增强打好打赢新时代东北振兴、辽宁振兴的"辽沈战役"、推进中国式现代化辽宁实践的政治自觉思想自觉行动自觉。

第一，实施三年行动是政治任务，必须践行使命、诠释忠诚。习近平总书记对辽宁高度重视、念兹在兹、充满期待，多次发表重要讲话、作出重要指示批示，亲自推动解决重大问题，为辽宁振兴发展指明了前进方向、提供了根本遵循。特别是面向"十四五"，习近平总书记作出新时代东北全面振兴"十四五"时期要有突破的重要指示；去年8月在辽宁考察时提出，在新时代东北振兴上展现更大担当和作为，奋力开创辽宁振兴发展新局面；在党的二十大报告中再次明确提出，推动东北全面振兴取得新突破；在今年新年贺词中强调，东北振兴蓄势待发。这些重要指示，是习近平总书记对我们的鼓励和期望，也是赋予我们的使命和任务。实施三年行动，推动辽宁全面振兴取得新突破，不是一项普通的专项行动，而是十分重要的政治任务，是必须回答好的政治大考。我们要牢记习近平总书记殷殷嘱托，感恩奋进，把实现全面振兴新突破作为当前最紧迫的政治任务，深刻领悟"两个确立"的决定性意义、坚决做到"两个维护"，用三年行动的实际成效来诠释对党的绝对忠诚。要深入贯彻习近平总书记重要指示精神，以更高站位、更大格局谋划推动振兴发展，积极探索东北、辽宁振兴发展的规律，摸索推动高质量发展、实现新突破的实践路径，主动服务和融入新发展格局，履行好维护国家"五大安全"政治使命，努力形成对国家重大战略强有力支撑，为推进中国式现代化贡献辽宁力量。

第二，实施三年行动是振兴亟须，必须只争朝夕、时不我待。党中央实施东北振兴战略20年来，辽宁振兴发展取得了长足进步，但仍存在一些突出矛盾和问题。标兵渐行渐远，追兵越来越近，发展形势逼人，竞争态势逼人。面对这样的形势、这样的压力、这样的竞争，我们没有任何理由沉湎于过去的辉煌，也没有任何理由满足于眼前的现状，更没有任何理由消极无为、放弃梦想。我们承认差距，但绝不甘心落后！省"十四五"规划、省第十三次党代会对全面振兴新突破作出安排部署，我们必须咬定目标不放松，一张蓝图绘到底。当前，"十四五"已过去两年，还剩不到三年时间，已到了决战决胜全面振兴新突破的关键时期，实现振兴时不我待，加快发展迫在眉睫。我们要强化坐不住、等不起、慢不得的紧迫感，大干三年、奋斗三年，高质量实施三年行动，以新气象新担当新作为实现全面振兴新突破。

第三，实施三年行动是共同凤愿，必须勠力同心、团结奋斗。辽宁作为"共和国长子"，曾创造过历史性辉煌，也曾经历过阶段性困顿。几十年来，无论是全省广大干部群众，还是身处异乡的辽宁人，对辽宁实现全面振兴、再展辽宁雄风始终心心念念、满怀期待。近年来，在党中央的坚强领导下，经过全省上下持续努力，辽宁已经走出了多年来最困难时期，高质量发展的基础更加巩固，维护国家"五大安全"的能力不断提升，外界对辽宁的预期持续向好，干部群众干事创业的热情空前高涨，具备了在振兴发展新阶段展现更大担当和作为的基础和条件，全面振兴蓄势待发，实施三年行动正当其时！三年行动承载着辽宁人民的热切期盼，一经提出，就得到了社会各界的高度关注、普遍认同。民心所向，政之所往。我们要顺应全省人民的共同心愿，以实施全面振兴新突破三年行动为引领，团结一切可以团结的力量，形成一块坚硬的钢铁，心往一处想、劲往一处使，不断激发全省上下矢志不渝实现全面振兴新突破的昂扬斗志，依靠团结奋斗把美好愿景变为现实。

第四，实施三年行动是重大考验，必须干事创业、争先进位。实现全面振兴新突破、谱写推进中国式现代化辽宁新篇章，是党和人民对辽宁干部本领能力、精神状态的"大考验"，也是辽宁干部展现作为、体现担当、彰显价值的"大舞台"。机遇就在面前，抓住了就是良机，错失了就是危机，就会陷入格局性的落后和战略性的被动，我们已经没有退路，必须破釜沉舟、背水一战。辽宁干部到底行不行，三年行动是"试金石"！今天，我们不仅敲响了实施三年行动的"催征鼓"，也立下了不达目的不罢休的"军令状"，我们要拿出"辽老大"

特有的志气、骨气、底气，横下一条心、铆足一股劲，卧薪尝胆干三年，甩开膀子拼三年，奋力实现全面振兴新突破，在推进中国式现代化的进程中展现更大担当和作为。

二、牢牢把握三年行动重点任务，以中国式现代化辽宁实践推动全面振兴取得新突破

习近平总书记在党的二十大报告中强调，从现在起，中国共产党的中心任务就是团结带领全国各族人民全面建成社会主义现代化强国、实现第二个百年奋斗目标，以中国式现代化全面推进中华民族伟大复兴。当前，我们要以中国式现代化的辽宁实践，推动全面振兴取得新突破，从战略全局出发，抓主要矛盾，从改善社会心理预期、提振发展信心入手，抓住重大关键环节，纲举目张做好各项工作。行动方案明确了指导思想、基本原则、总体目标、10个方面新突破和50项重点任务以及5项保障措施，这些是实现新突破的"纲"和"目"，抓住了就能把握关键、牵动全局。行动方案设定的目标体系，既有定性的要求，又有定量的指标。这些目标是省委、省政府经过慎重研究、综合考虑各方面因素确定的。目标一经确定，就要排除万难去实现；承诺一经作出，就要全力以赴去兑现。各地区各部门各单位要按图施工、挂图作战，聚焦重点、突破难点、打通堵点，保质保量如期完成各项目标任务。实现这些目标任务，要注重把握好4个关系。

一是要把握好"质"与"量"的关系。实现新突破，要牢牢把握高质量发展这个首要任务。没有质的有效提升，发展就没有持续动力，没有量的合理增长，发展就缺乏有力支撑。要完整、准确、全面贯彻新发展理念，更好统筹质的有效提升和量的合理增长，坚持质量第一、效益优先，既要保持经济运行在合理区间、尽早赶超全国水平，又要追求更高质量的经济增长，实现质与效的有机统一。行动方案提出了三个"坚决不要"的要求，坚决不要带水分的经济

增长，就是要树立正确的政绩观，把功夫真正用到实实在在抓经济建设上，对一切形式的数字造假实行"零容忍"；坚决不要带污染的经济增长，就是决不能走以牺牲生态环境为代价的老路，不能再回到粗放式发展的模式上去；坚决不要带血的经济增长，就是要始终站稳人民立场，切实维护人民生命健康和财产安全，决不要以牺牲人的生命健康为代价的经济增长。

二是要把握好"谋"与"干"的关系。实施三年行动要把"谋在关键"和"干在实处"结合起来。要善"谋"重"谋"。谋其上者得其中、谋其中者得其下。"谋"要坚持高位谋划，站位要高、视野要开阔，深刻洞察发展大势，深入探索经济社会发展规律，使制定的政策举措体现时代性、把握规律性、富于创造性。要大兴调查研究之风，围绕补齐"四个短板"，立足当前、着眼长远，下足"软功夫"，研究新情况、提出新思路、解决新问题。要围绕目标实现，谋划提出事关辽宁全面振兴的重大政策、重大项目、重点工程，力求取得最佳结果。要实"干"肯"干"。为者常成，行者常至。辽宁振兴没有捷径，唯有实干。要发扬"马上就办、真抓实干"的优良作风，紧盯目标下功夫、求实效，既要注重结果，更要注重过程，努力实现更高质量发展。要善于利用外部资源和社会资本发展壮大自己，积极向上争取国家政策、项目、资金，主动学习先进地区先进经验做法，取长补短、促进发展。

三是要把握好"点"与"面"的关系。实现全省"面"上的发展目标，需要各地区各部门各单位"点"上的合力支撑。从"面"上讲，全省上下要树立一盘棋思想，同弹一个曲、保持一个调，同心同向、上下联动、步调一致，决不能各行其是、背道而行。从"点"上讲，各市要扛起责任，各展所长、协同共进，沈阳、大连要发挥"跳高队"作用，在三年行动中当先锋、打头阵，全面提升发展能级，率先实现新突破；鞍山、营口、盘锦、锦州要加快发展、壮大规模，提高竞争力；其他各市要奋起直追、不甘人后，以自身的新突破助力全省的新突破。省直部门要立足本职、找准定位，工作向目标聚焦、向突破发力，为实现新突破作出应有贡献。

四是要把握好"稳"与"进"的关系。实施三年行动，稳是主基调、是大局，进是主方向、是目标，要把握好二者的辩证关系，在实现更周全的"稳"与更高质量"进"的良性互动中推动高质量发展。"稳"就是要履行"促一方发展、保一方平安"责任，更好统筹疫情防控和经济社会发展，更好统筹发展和安全，以安全保发展、以发展促安全，推动经济运行整体好转，确保社会大局安全稳定。要突出做好稳增长、稳就业、稳物价，切实稳住经济基本盘、稳住信心、稳住预期。"进"就是要在稳扎稳打前提下，确保各方面工作都有新进展，积小胜为大胜，推动高质量发展迈上新台阶。要在巩固工作成果、提升工作质效的基础上，努力在重点区域、重点领域、重点工作上实现更好更大的突破。

总之，我们要咬住目标不放松，保持战略定力，一步一个脚印地把习近平总书记为辽宁擘画的全面振兴蓝图变为现实。

第一，深入落实扩大内需战略，积蓄发展势能。行动方案将积极扩大有效需求、在推动经济增长上实现新突破放在重点任务的第一位，就是要形成需求牵引供给、供给创造需求的更高水平动态平衡，实现经济良性循环，为实现新突破积蓄力量。我们要把扩大内需和深化供给侧结构性改革有机结合起来，着力扩大有收入支撑的消费需求、有合理回报的投资需求、有本金和债务约束的金融需求，实现固定资产投资、招商引资实际到位资金、进出口总额三个"万亿突破"。一是要切实扩大有效投资。投资相比消费和出口，"乘数效应"大，受外部影响小，对经济增长的拉动作用明显。要紧盯投资积累不够、强度不高等问题攻坚发力，推动投资实现合理有效的增长。要完善扩大投资机制，拓展有效投资空间，适度超前部署新型基础设施建设，扩大高技术产业和战略性新兴产业投资。政府投资要在打基础、利长远、补短板、调结构上加大力度，加快实施"十四五"重大工程，加强区域间基础设施联通，实施好城市更新行动、乡村建设行动。要放宽民间投资市场准入，鼓励和吸引更多民间资本参与工程项目建设。扩大有效投资，关键要靠一大批高质量项目作支撑。要按照梯次布局、压茬推进、滚动实施的逻辑，加强项目储备和前期工作，强化要素保障，力争形成更多实物工作量。二是要多点发力促进消费。消费日益成为拉动经济增长的基础性力量。疫情防控进入新阶段，消费结构、消费层次将出现新的转变与提升。我们要把握消费升级趋势，增强消费能力，改善消费条件，创新消费场景，充分释放消费潜力。消费是收入的函数。要建立和完善扩大居民消费的长效机制，使居民有稳定收入能消费、没有后顾之忧敢消费、消费环境优获得感强愿消费。要合理增加消费信贷，支持住房改善、新能源汽车、养老服务、教育医疗文化体育服务等消费。三是要千方百计扩大出口。要发挥出口对经济的支撑作用，实施外贸"双量"增长计划，稳住对发达国家出口，扩大对新兴经济体出口，提升加工贸易水平，提高出口附加值，增强出口竞争力。要用好出口退税、出口信贷、信用保险补贴等政策工具，全力支持企业抢订单、拓市场，让更多辽宁商品走向国内外。

第二，建设现代化产业体系，筑牢发展根基。工业是辽宁的命脉，辽宁振兴首先要工业振兴。我省工业产业门类完备，在保障国家产业体系自主可控、安全可靠、竞争力强上责无旁贷、大有可为，这也是辽宁更好服务和融入新发展格局的底气所在。我们要把发展经济的着力点放在实体经济上，扎实推进新型工业化，持续做好结构调整"三篇大文章"，加快建设数字辽宁、智造强省，促进一、二、三产业协同发力，加快形成多点支撑、多业并举、多元发展的产业发展新格局。一是要推动传统产业提能级、强实力。我省的传统产业主要是装备制造、冶金、石化等产业，这是辽宁的"富矿"和"宝藏"。要优存量、添增量、提质量，腾笼换鸟，凤凰涅槃，推动传统产业高端化、智能化、绿色化发展。要抓好装备制造业这个"国之重器"，用人工智能等新一代信息技术为装备制造业赋能增效，提升装备制造业自主研发、设计、制造及系统集成的智能化水平，用"辽宁智造"支撑"制造强国"建设。要拉长石化产业链条，推动石化往减油增化、减油增特、炼化一体化方向发展；推动冶金产业往精深加工方向发展，做优做强新材料特色产业链条，培育特色产业集群。二是要推动新兴产业快发展、上规模。战略性新兴产业具有先导性，是未来产业发展的决定性力量。要把握产业发展的特点和规律，大力发展科技含量高、市场竞争力强、带动作用大、经济效益好的战略性新兴产业。重点要在航空制造、新材料、机器人、生物医药、新能源汽车、集成电路等领域，打造一批具有较强竞争力的先进产业集群，构建一批新增长引擎。要培育孵化一批未来产业，抢占发展制高点，厚植发展新优势。要大力发展数字经济，推进数字产业化和产业数字化。三是要推动短板产业强弱项、蓄力量。现代服务业是现代化产业体系的重要组成部分，我省现代服务业规模小、业态少。要坚持生产性服务业和生活性服务业一起抓，推动现代服务业同先进制造业、现代农业深度融合，重点发展金融、现代物流、中介服务、文化旅游等产业。要推动一产"接二连三"，提升农产品精深加工能力和水平，加快建设食品工业大省，助力农民增收、助推乡村振兴。我省海洋经济发展不充分，要抓紧研究突破性举措，加快建设海洋经济强省。各地区产业发展要因地制宜，发挥优势，突出重点，差异化特色化发展，避免同质化竞争。

第三，狠抓科技创新，增强内生动力。辽宁是科教大省，科教资源丰富，创新家底厚实，只要把科教资源充分利用好，把创新动力充分激发出来，就能在未来发展中抢占先机、赢得主动，我们要有这个自信和底气。要坚持教育发展、科技创新、人才培养一体推进，坚持原始创新、集成创新、开放创新一体设计，坚持创新链、产业链、人才链一体部署，全力创建具有全国影响力的区域科技创新中心，不断开辟新领域新赛道、构建发展新动能新优势。一是要突出创新氛围。要大力培育创新文化，积极营造崇尚创新、鼓励创新、勇于创新的浓厚氛围，让创新在全社会蔚然成风。全省各级领导干部要加快转变不适应创新发展要求的思想观念、思维方式、行为方式和工作方法，真正成为创新的引领者、推动者。二是要突出关键核心技术攻关。关键核心技术关系到产业、企业的生死存亡。要以国家战略需求、产业升级需要为导向，聚焦新材料、精细化工、高端装备制造、半导体芯片制造设备和工业基础软件等优势领域，集聚力量、合力攻关，解决一批"卡脖子"难题，为国家高水平科技自立自强贡献辽宁智慧。三是要突出企业创新主体地位。企业是最活跃的创新力量，资源要向企业倾斜，合作要让企业牵头。要加快构建一批以企业为主体、市场为导向、产学研用相结合的创新联合体，引导创新要素向头部企业集聚，带动产业链上下游整体发展、群体突破。要推进创新链产业链资金链人才链深度融合，完善科技成果转化服务体系，加强中试基地建设，不断提高科技成果本地转化和产业化水平。四是要突出人才队伍建设。创新驱动实质是人才驱动，关键靠人才支撑。要把人才工作摆到关系振兴发展全局的高度来抓，深入实施"兴辽英才计划"，全面提高人才自主培养质量，加快建设国家重要的人才中心和创新高地。要创新人才服务保障政策，营造拴心留人的良好环境，让各类人才有平台、有待遇、受尊重，让更多"千里马"在辽沈大地竞相奔腾！

第四，深化改革开放，释放发展活力。发展出题目，改革做文章。实现辽宁全面振兴新突破，必须全面深化改革，坚定不移扩大开放。要在谋划地区改革发展上下功夫，在解决突出矛盾问题上下功夫，在激发改革创新活力上下功夫，着力破解深层次体制机制障碍，为企业松绑、为创新除障、为公平护航，让干部敢为、地方敢闯、企业敢干、群众敢首创。一是要持续优化营商环境。优化营商环境是"牛鼻子"，牵一发动全身。营商环境好，市场就活，预期就稳，企业就来了。营商环境本质是"人"的环境，汇聚的是人气，体现的是活力。要把净化政治生态作为根本，把法治环境建设作为优化营商环境最突出、最紧迫的任务，以政治生态的持续净化、法治环境的持续改善来促进和保障营商环境的根本好转。要全面清理不适应振兴发展的法规文件，坚决惩治破坏营商环境的人和事，全力打造市场化法治化国际化一流营商环境，吸引天下客商共助辽宁振兴。要坚持"两个毫不动摇""三个没有变"，引导民营企业和民营企业家稳预期、强定力、增信心，推动民营经济加快发展、健康发展、高质量发展。二是要加强改革系统集成协同高效。全面深化改革是系统工程，各项改革系统集成，才能形成合力。要坚持全面推进和重点突破相结合，注重各项改革协调推进，发生"化学反应"，最大限度提升改革的整体效能。要浓厚改革氛围，大胆探索、敢为人先，创造更多可复制、可推广的新鲜经验。对牵引性、标志性改革要拉单列表，涉及重大利益调整的改革要反复论证、及时请示报告，确保行之有效。行动方案对重点领域改革作了部署，要提高改革执行力，确保改革任务落实落地。三是要推动高水平对外开放。我省是我国面向东北亚唯一陆海双重门户、东北唯一的沿海省份，地处东北亚经济圈的核心地带，在打造对外开放新前沿上要勇挑重担。要以战略眼光、全球视野谋划对外开放，充分发挥区位优势、地缘优势，深度融入共建"一带一路"，深化与RCEP成员国经贸合作。要优化开放环境，统筹投资、贸易、通道、平台，落实自由贸易试验区提升战略，加快东北海陆大通道建设，不断提高对外开放水平。

第五，着力保障和改善民生，提高人民生活品质。实施三年行动的出发点和落脚点，是让振兴发展成果更多更公平惠及全省人民，我们要践行以人民为中心的发展思想，在发展中保障和改善民生，让人民群众有更多获得感、幸福感、安全感。一是要扎实推进共同富裕。全体人民共同富裕，是中国式现代化的本质特征。我们要扎实推动高质量发展，创造积累更多社会财富，把"蛋糕"

做大，同时又把"蛋糕"分好，着力解决好就业、分配、教育、医疗、住房、养老、托幼等民生问题，逐步扩大中等收入群体，缩小收入分配差距，坚决防止两极分化。二是要建设美丽辽宁。良好的生态环境是最公平的公共产品。我们要牢固树立和践行绿水青山就是金山银山的理念，加强山水林田湖草沙一体化保护和系统治理，坚持治山、治水、治城一体推进，加快发展方式绿色转型，积极稳妥推进碳达峰碳中和，让蓝天、绿草、碧水成为辽宁的靓丽底色。三是要满足人民群众精神文化需求。既要物质富足，也要精神富有是社会主义现代化的崇高追求。实现全面振兴新突破，既要物质财富极大丰富，也要精神财富极大丰富，让"两个文明"相互协调、相互促进。要深入践行社会主义核心价值观，广泛宣传阐释辽宁"六地"等红色文化资源的丰富内涵和时代价值，让人民群众始终拥有团结奋斗的思想基础、开拓进取的主动精神、健康向上的价值追求。

三、提振干事创业的精气神，推动三年行动各项任务落实落地

习近平总书记强调，中国式现代化是强国建设、民族复兴的康庄大道。康庄大道并不等于一马平川，新时代东北振兴、辽宁振兴的"辽沈战役"也必定会充满挑战。全省上下要坚定信心、振奋精神，撸起袖子加油干，风雨无阻向前行，全力以赴抓落实，确保三年行动取得扎实成效。

第一，以思想观念的大解放谋突破、抓落实。如果思想不解放，就很难看清问题所在，很难拿出超常规举措。实施三年行动，首先要解放思想，进一步激活辽宁人骨子里敢闯敢干的基因，通过全面、彻底、触及灵魂的思想大解放，破除思想障碍、根除观念误区，以思想上的"破冰"引领行动上的"突围"。要把思想观念从传统发展模式中解放出来，摒弃拼资源、拼投入、拼消耗的粗放发展模式，加快发展方式绿色转型，坚定不移走以生态优先、绿色发展为导向的高质量发展新路子。要从传统思维惯性中解放出来，打破思维定式，破除

路径依赖，与时俱进、创新突破，决不能身子进入了新时代，脑子还停留在过去时，决不能"新瓶装旧酒""穿新鞋走老路"。要从以自我为中心的视野格局中解放出来，主动服务和融入新发展格局，坚持小战略服从大战略、小道理服从大道理、地方利益服从国家整体利益，把自身发展融入全国大局，既为一域争光，又为全局添彩。要从等靠观望的消极状态中解放出来，只有干出来的精彩，没有等出来的辉煌。实现新突破，"躺平"不可取、"躺赢"不可能，要更好发挥主观能动性，强化政策创新意识，不等不靠，抢抓机遇，主动作为。需要强调的是，解放思想是要激发大胆探索的智慧和勇气，并不是头脑发热、为所欲为、盲目蛮干，要尊重事实、尊重规律、守正创新，一切从实际出发，坚决防止"一管就死、一放就乱"。

第二，以能力本领的大提升谋突破、抓落实。绳短不能汲深井，浅水难以负大舟。实现新突破，需要一批素质高、能力强、作风硬的实干家。党员干部要时刻保持"本领恐慌"的危机感，补齐能力短板，以铁肩膀、真本事抓发展、谋突破、促振兴。一是要提升政治能力。三年行动是政治任务，抓落实是政治考验，考的是忠诚，验的是党性。党员干部要增强政治判断力、政治领悟力、政治执行力，坚决贯彻落实党中央决策部署及省委工作安排，不做选择、不搞变通、不打折扣，确保各项任务落实落地。二是要提升业务能力。干部既要有想干敢干的魄力，更要有能干会干的本事。这次换届后干部跨界转岗、异地交流比较多，全省各级领导干部要坚持在干中学、学中干，加强业务知识学习，弥补知识缺陷、能力短板、经验弱项，不断提高政策水平，努力成为业务精通、本领高强、善作善成的内行领导。特别是处于产业发展、项目建设一线的同志，要熟悉掌握产业发展最前沿的理论知识，懂得产业行情，会说产业行话，与企业家对得上话、谈得了事。三是要提升统筹兼顾能力。三年行动千头万绪，要强化系统思维，统筹好全局和局部，统筹好当前和长远，善于"十个指头弹钢琴"，善于抓主要矛盾、区分轻重缓急，处理好抓发展与防风险的关系，在两难甚至多难中找到最优解，在多重目标中找到平衡点，做到前瞻性思考、全局性谋划、整体性推进。

第三，以工作作风的大转变谋突破、抓落实。实现新突破不是喊出来、等出来的，而是干出来、拼出来的，必须增强转变作风的自觉性，心无旁骛干事业、聚精会神抓落实。一是要主动担当、积极作为。行动方案中的10个突破、50项重点任务，哪个突破不需要迎难而上？哪项任务不需要较真碰硬？这里考验的是干部有没有担当、敢不敢负责。要本着对事业高度负责的精神，保持干事创业的激情，该做的事，知重负重、攻坚克难，顶着压力也要干；该负的责，挺身而出、冲锋在前，冒着风险也要担。二是要闻鸡起舞、埋头苦干。我们提出每年滚动实施300个省级重大项目、100个央地合作重点项目、6000个亿元以上项目，加快"一圈一带两区"建设，推进乡村振兴、建设美丽辽宁等重大任务，个个都是硬骨头。时间不等人、形势不等人，错过了时机，耽误的可能是辽宁未来较长时期的发展。要拿出鸡鸣而起、闻鼓而进的干劲，以马不离鞍、缰不松手的定力，一以贯之、一抓到底，不半途而废、不搞半拉子工程，干一件成一件、做一桩成一桩。三是要实事求是、真抓实干。实现新突破，追求的是货真价实、实实在在的发展。要发扬求真务实的优良作风，多办打基础、利长远的实事，不搞劳民伤财的"形象工程""政绩工程"，不空喊口号、不搞大呼隆，更不能搞"数字游戏"、搞"假把式"。四是要以上率下、率先垂范。领导干部要以身作则，亲力亲为，带头积极向上争取，带头学习先进地区经验做法，带头狠抓工作落实。要从省委常委做起，从省人大常委会、省政府、省政协的领导同志做起，从各地区各部门各单位"一把手"做起，坚持既挂帅又出征，层层传导压力，更好发挥"头雁效应"，形成"一级做给一级看、一级带着一级干"的良好局面。

第四，以斗争精神的大发扬谋突破、抓落实。新时代东北振兴、辽宁振兴的"辽沈战役"是一场硬仗，没有豁得出去、拿得下来的血性和斗志是不行的，只有依靠顽强斗争，才能解决前进道路上的困难问题，才能打开事业发展新天地。一是要坚定斗争意志。三年行动是攻坚战，拼的就是一种意志，必须坚韧不拔、百折不挠。我们头脑要特别清醒，不被负面声音带节奏，不被暂时困难带偏向，保持战略定力和历史信心，以箭在弦上的备战姿态，时刻做好斗争准备。二是要增强斗争底气。底气来自哪里？来自习近平总书记的高度重视和亲切关怀，来自习近平新时代中国特色社会主义思想的科学指引，来自全省经济保持良好发展势头，来自我们净化政治生态、割除腐败毒瘤取得的成绩、带来的信心，等等。只要我们迎难而上、攻坚克难，逢山开路、遇水架桥，就一定能够扫除"拦路虎"、清除"绊脚石"、拆除"炸药包"，推动振兴发展行稳致远。三是要掌握斗争主动。对各领域各方面的风险隐患，我们脑子里要有一幅全景图，对潜在的风险要有科学预判，备足工具箱，下好先手棋，打好主动仗。一旦出现风险，就要见事早、行动快，不能让小事拖大、大事拖炸。

四、加强党对全面振兴的领导，为三年行动顺利实施提供坚强政治保证

习近平总书记强调，党的领导直接关系中国式现代化的根本方向、前途命运、最终成败。实现新突破，必须毫不动摇坚持党的领导、加强党的建设。党的领导坚强有力，政治生态风清气正，实现新突破就有了重要保障，否则，再好的目标也会落空，取得再多的发展成果也将付之东流。我们要把坚持和加强党的全面领导贯穿三年行动全过程、各方面，一手抓高质量发展、一手抓全面从严治党，两手抓，两手都要硬，以高质量党建引领高质量发展。

第一，强化组织领导推动。强有力的组织领导，是实现新突破的前提保障。要坚持党政同责，省委要成立三年行动领导小组，牵头抓总，研究解决工作中遇到的重大问题；省政府要成立指挥部，负责具体组织实施、实时在线跟踪督

促落实；各地区各部门各单位要制定具体实施方案，把三年行动目标任务分解到部门、落实到岗位、量化到个人。要迅速行动起来，紧抓快干，边干边完善方案，不能等。要进一步提高标准、拉高标杆，自加压力、奋勇争先，高质量开展工作。要完善工作机制，建立项目化、清单化、工程化抓落实机制，构建一级抓一级、层层抓落实的责任体系，科学制定任务清单和工作台账，提高抓落实的系统性、整体性、协同性。涉及多领域多部门的目标任务，要密切配合，相互补台。要上下贯通加强指导，推进省市联动、部门和企业联动，强化纵向指导，总结基层经验，推动各项任务举措在市县和基层落实落地。要凝聚各方力量，发展全过程人民民主，充分释放社会各界助力振兴发展的潜能。各级人大要通过立法、监督等法定职能保障和促进三年行动实施。各级政协要发挥政治协商、民主监督职能推动重点任务落实。工会、共青团和妇联等群团组织要发挥各自优势，广泛联系企事业单位、各界群众参与三年行动。

第二，树立鲜明用人导向。打赢新时代东北振兴、辽宁振兴的"辽沈战役"，关键在人，关键在党员干部。要树立正确选人用人正确导向，大力选拔具有真才实学、实践经验丰富、善于解决实际问题的干部，大力选拔知重负重、苦干实干、开拓奋进特别是在关键时刻有宽肩膀、硬肩膀的干部。要强化正向激励，让有为者有位、能干者能上、优秀者优先，推动干部能上能下、能进能出，以鲜明导向激励干部担当作为、干事创业。要精准落实"三个区分开来"要求，建立健全容错纠错机制，为敢于善于斗争、敢于担当作为、敢抓善管不怕得罪人的干部撑腰鼓劲。对装样子、混日子、不敢扛事、临阵退缩的干部，要及时作出调整。

第三，持续净化政治生态。风清则气正，气正则心齐，心齐则事成。要牢记"三个务必"，发扬彻底的自我革命精神，永远吹冲锋号，一刻不停推进全面从严治党，一体推进不敢腐、不能腐、不想腐，力争用3年左右时间基本清除腐败存量，进一步构建全面遏制增量、保障振兴发展的反腐败治理新格局，让政治生态更加风清气正、山清水秀、海晏河清。三年行动涉及大量项目、资金，要常敲警钟、勤堵漏洞，决不能让经济上来了、干部倒下去。

第四，健全督查考核机制。推动工作、抓好落实，督查考核至关重要。行动方案明确的目标任务和重要举措，进展得怎么样，完成得好不好，还有哪些需要解决的问题，都要及时督查考核、跟踪反馈。要建立健全考核指标体系，做到可量化、可考核、可评估。要常态化开展督查检查，对做得好的要给予表扬和奖励，对落实不到位的要给予批评和问责。今年是三年行动第一年，务必要首战告捷，半年要召开调度推进会，年底将召开总结大会，进行赛场点兵，让大家晒晒"成绩单"，鼓励先进、鞭策后进。

第五，营造良好社会氛围。要充分发挥基层党组织战斗堡垒作用和广大党员先锋模范作用，充分调动全社会参与三年行动的积极性、主动性、创造性，形成同心同向抓发展、砥砺奋进促振兴的强大合力。要加强舆论引导，做好行动方案解读和政策宣传，及时回应社会关切，向外界充分展示辽宁振兴发展的良好预期。要深入开展重大主题宣传，大力宣传实现新突破取得的重要进展和成果，大力宣传三年行动中的先进典型和成功经验，在全省形成比学赶超、争先进位的浓厚氛围。

宏伟蓝图已经绘就、进军号角已经吹响！让我们紧密地团结在以习近平同志为核心的党中央周围，踔厉奋发、勇毅前行，以新气象新担当新作为实现全面振兴新突破，为全面建设社会主义现代化国家、全面推进中华民族伟大复兴作出辽宁新的更大贡献！

《辽宁全面振兴新突破三年行动方案（2023—2025年）》，既有定性的要求，又有定量的指标，是实现新突破的"纲"和"目"，抓住了就能把握关键、牵动全局。各地区各部门按图施工、挂图作战，聚焦重点、突破难点、打通堵点，项目化、清单化、工程化抓好落实，站位全局、融入大局，打好"阵地战"，确保"凯歌还"。

　　从2023年2月23日起，辽宁省政府新闻办连续召开"贯彻党的二十大精神——实施全面振兴新突破三年行动"主题系列新闻发布会，省直各部门负责人就《方案》的主要特点、总体要求、重点任务等内容进行解读。

第三篇

———

抢抓"十四五"后三年重要窗口期，

大干三年、奋斗三年

行动

锚定十个新突破
奋力谱写新篇章

解读人 省发展改革委党组书记、主　任　李鹏宇

省发展改革委党组成员、副主任　王　鹏

《辽宁全面振兴新突破三年行动方案（2023—2025 年）》突出政治性、体现突破性、保持连续性、注重系统性，围绕实现新突破总体目标，设置了2023 年地区生产总值增速赶上全国水平，2024 年超过全国水平，2025 年如期实现"十四五"目标；具有全国影响力的区域科创中心建设取得明显成效，一批重点领域关键核心技术取得突破，研发经费投入年均增速高于 9%，科技成果本地转化率达到 60%；现代化产业体系建设取得重大进展，产业基础高级化和产业链安全水平大幅提升，规上工业营业收入达到 4.3 万亿元，战略性新兴产业增加值年均增长 10% 以上；营商便利度进入全国先进行列，要素市场化配置机制更加健全，对外开放新前沿基本形成，进出口总额突破万亿元等具体目标。

《方案》部署了经济社会发展 10 个方面新突破，分别为：

积极扩大有效需求，在推动经济增长上实现新突破。坚持把扩大内需战略同深化供给侧结构性改革有机结合起来，着力扩大有收入支撑的消费需求、有合理回报的投资需求、有本金和债务约束的金融需求，实现固定资产投资、招

商引资实际到位资金、进出口总额三个"万亿突破",为实现经济质的有效提升和量的合理增长提供强力支撑。

加快产业结构调整,在建设现代化产业体系上实现新突破。坚持把发展经济的着力点放在实体经济上,持续做好结构调整"三篇大文章",建设数字辽宁、智造强省,提升产业基础能力和产业链现代化水平,推动短板产业补链、优势产业延链、传统产业升链、新兴产业建链,增强产业发展的接续性和竞争力,基本形成多点支撑、多业并举、多元发展的产业发展新格局。

强化科技教育人才支撑,在塑造发展新动能上实现新突破。深入实施科教兴省、人才强省、创新驱动发展战略,坚持教育发展、科技创新、人才培养一体推进,坚持原始创新、集成创新、开放创新一体设计,坚持创新链、产业链、人才链一体部署,着力将科教人才资源优势转化为创新发展优势,打造服务国家战略的科技创新高地。

深化重点领域改革,在推进体制机制创新上实现新突破。加强改革系统集成、协同高效,破除体制机制障碍,推动营商环境根本好转,提升市场主体和群众的获得感和满意度。

促进国企民企外企竞相发展,在培育壮大市场主体上实现新突破。坚持"两个毫不动摇",选派万名领导干部扎实开展助企帮企活动,增强市场主体信心,激发市场主体活力,形成大企业顶天立地、中小企业铺天盖地的发展态势。市场主体超过550万户。

提升开放合作水平,在打造对外开放新前沿上实现新突破。强化开放意识,发挥区位优势,深度融入共建"一带一路",着力推进高水平对外开放。

坚持农业农村优先发展,在全面推进乡村振兴上实现新突破。加快建设农业强省,保障国家粮食安全,壮大县乡经济实力,稳步提高农村居民收入,建设宜居宜业和美乡村。

统筹"一圈一带两区"建设，在促进区域协调发展上实现新突破。坚持区域、城乡、陆海统筹，突出沈阳、大连"双核"引领作用，率先实现全面振兴新突破，带动各地竞相发展，加快构建优势互补、高质量发展的区域经济布局。

　　推进美丽辽宁建设，在绿色低碳发展上实现新突破。坚持人与自然和谐共生，统筹产业结构调整、污染治理、生态保护、应对气候变化，协同推进降碳、减污、扩绿、增长，加快建设天更蓝、山更绿、水更清、生态环境更美好的美丽家园。

　　不断增进民生福祉，在提高人民生活品质上实现新突破。自觉践行以人民

▲ 沈阳市是辽宁省省会及沈阳经济区核心城市，中国东北地区的政治、经济、文化、商贸中心，全国 15 个副省级城市之一，中国先进装备制造业基地和国家历史文化名城

为中心的发展思想，强保障、防风险、保安全，突出内涵、品质，全面打好文明城市创建翻身仗，加快解决重点领域民生问题，不断满足人民群众对美好生活的向往。

为保证各项目标任务落实落地，《方案》要求把党的领导贯穿全面振兴新突破三年行动各方面全过程，以高质量党建引领高质量发展。同时，在强化组织协调推动、实施督查考核评估、加强重大政策研究、营造良好发展氛围等方面也提出了体制机制创新要求。

"三驾马车"协同发力
积极扩大有效需求

解读人 省发展改革委党组成员、副主任 黄　洋

省商务厅党组成员、副厅长 郭　斌

省自然资源厅党组成员、副厅长 杨　斌

省金融监管局党组成员、副局长 吴　涛

经济增长要跑出加速度，必须内外兼修，让投资、消费、出口"三驾马车"开足马力、协同发力。

■ 大抓项目 推动"一库四清单"建设

履行好全面振兴新突破三年行动指挥部办公室职责，省发展改革委会同省直各部门大干实干、攻坚克难，确保各项任务举措落实落地。

省发展改革委充分发挥投资关键作用，树立大抓项目鲜明导向，三年行动投资工作的主要目标为：推进项目投资增数量、壮体量、上速度，2023年固定资产投资增长10%，2024年、2025年固定资产投资增长取得进一步突破，2025年如期实现固定资产投资突破万亿元。

聚焦2023年固定资产投资增长目标，年初以来，省发展改革委统筹协调

各市各部门加大项目谋划力度，建立了全省年度建设项目库，以及若干重大工程300个重点项目、央地合作100个重点项目、亿元以上6000个项目、中央资金项目"四个项目清单"，巩固全省投资基本盘。

从目前全省年度建设项目库入库情况看，2023年度计划实施项目超1.3万个，总投资超5万亿元，年度计划投资超8000亿元，项目总体入库情况好于往年同期水平，在库的年度投资可对全年投资预期目标形成较强支撑。

建立若干重大工程年度300个重点项目清单。聚焦充分发挥重大工程示范带动作用，我省在去年工作基础上优中选优形成了本年度重大工程300个重点项目清单，总投资1.36万亿元，年度投资近2000亿元。

建立央地合作年度100个重点项目清单。今年，我省将聚焦全国重大战略规划，结合辽宁全面振兴新突破三年行动，深化央地合作，进一步提升本地企业核心竞争力，深度谋划提出100个合作项目，在省级层面重点推进，总投资超1万亿元。其中，工业项目37个，能源项目24个，市政及产业园区、新基建、交通等其他项目39个，项目涉及40余家央企。

建立年度亿元以上项目清单。亿元以上项目是支撑全省固定资产投资的主力军，今年我省计划实施亿元以上项目6000个，年度投资6118亿元，其中续建项目3451个，年度投资3662亿元；新开工项目1757个，年度投资2456亿元；推进前期项目792个。

建立中央资金项目清单。年初以来，我省积极谋划申报2023年中央预算内资金、地方政府专项债券等中央资金项目，依据中央资金下达进度，滚动建立中央资金项目清单，推动中央资金早投入、早开工、早发挥效益。

为确保"四个项目清单"顺利推进，省发展改革委建立健全省市分级分类调度推进机制，多措并举强化服务，加强重点项目要素保障，加大项目投融资支持力度等，为项目落地实施创造良好环境和稳定预期。

■ 全力以赴抓招商促消费稳外贸

商务工作联通内外、贯通城乡、对接产销，涉及全面振兴新突破三年行动中的多个重要工作领域。省商务厅相关负责人表示，未来3年，全省商务系统将全力推进开放水平提升、精准招商引资、社会消费扩容、外贸提质稳量、经开区创新提质等五大工程，奋力实现各项工作目标。围绕积极扩大有效需求，在推动经济增长上实现新突破，全省商务系统将重点做好精准招商、提振消费、扩大进出口等三项工作。

在精准招商方面，我省将持续办好辽宁国际投资贸易洽谈会和京津冀、长三角、珠三角三大招商促进周，用好中国国际进口博览会、中国国际服务贸易交易会、中国国际数字和软件服务交易会等展会平台，积极引进一批"首店"、便利店等落户辽宁。围绕现有合作基础和产业、资源优势，梳理全省正在推进的央地合作项目，积极协调相关部门，解决项目推进过程中的困难，促进重点央地合作项目早签约早落地早投产。围绕我省24条重点工业产业链、宝马等100余家重点头部企业，组织"走出去"开展以商招商、产业链招商，引进一批上下游配套企业，不断推进延链、补链、强链，提升头部企业本地配套率。

在提振消费方面，我省将出台恢复和促进消费政策措施，并开展促消费系列活动。打造"乐购辽宁、惠享美好"促消费活动品牌，组织开展线上线下结合、商旅文体融合的促消费活动，举办东北老字号传承创新大会。值得关注的是，我省提出，要打造区域消费中心，建设沈阳、大连国际消费中心城市，高标准建设沈阳中街、大连青泥洼步行街。

在扩大进出口方面，我省将继续实施外贸双量增长计划。帮助"零外贸"规模以上工业企业、"雏鹰""瞪羚""独角兽"企业和品牌企业实现进出口，积极引进央企和域外大型外贸企业在辽宁设立子公司，鼓励重点外贸企业带动

▲ 大连市作为夏季达沃斯论坛承办城市，与世界经济论坛的合作卓有成效

更多非外贸企业开展进出口业务。我省还将持续办好辽宁出口商品（日本大阪）展览会，优先选择在 RCEP 成员国和"一带一路"沿线国家以展中展等形式举办境外自办展。对于积极扩大进口，我省将推动出台进口贴息政策，积极扩大先进技术、重要设备和关键零部件进口。

■ 强化要素保障 为全面振兴新突破蓄势赋能

在项目的要素保障中，自然资源及金融作用不容忽视。

空间和土地是工程项目建设所需的重要自然资源。2023 年，省自然资源厅将改进每年年初为各地分配用地计划指标的传统做法，坚持"项目跟着计划走""要素跟着项目走"，确保任何一个好项目不会因指标不足无法落地，同时大力推动闲置低效建设用地的消化处置和再开发。在建设用地审批制度方面，将通过建设用地直报制度、实施审批事项模块化管理、推行"标准地"出让等多种措施大幅度提高审批效率，确保工程项目及时开工建设。

矿产资源是经济社会发展的重要物质基础。矿产资源领域改造升级对提高全省资源安全保障能力，促进矿业高质量发展具有重要意义。在全面振兴新突破三年行动中，省自然资源厅将深入实施战略性矿产找矿行动，以地质科技攻关作为重要引擎，在深化探测等领域实现新突破，提升矿产勘查水平，进一步摸实全省矿产资源家底。

在加强金融要素保障方面，省金融监管局将持续加大金融撮合力度，把优化金融对接撮合服务作为支持全省产业发展和企业壮大的有力抓手，加大频次和力度，为各类市场主体提供融资对接、政策服务、金融咨询等精准化服务。突出抓好企业上市培育，拓宽企业融资渠道，深入实施企业上市倍增计划，落实好对企业上市补助政策，依法合规协调解决企业上市障碍难题，力争到2025年末全省上市企业数量超过120家。继续加强金融服务，在完善和提升省融资信用服务平台服务功能上下功夫，加快建设科技金融、绿色金融、供应链金融等特色服务专区。推动修复金融生态，落实企业债券风险排查预警机制，加大防范和处置非法集资等工作力度，牢牢守住不发生区域性金融风险的底线。

上／　辽宁国际投资贸易洽谈会是辽宁省为推动高质量发展而倾力打造的重要开放平台

下／　中国（辽宁）自由贸易试验区大连片区形成了港航物流、先进装备制造、汽车整车及零部件、电子信息、新能源、健康医疗、冷链及现代服务业等八大产业集群，是大连东北亚国际航运中心、国际物流中心、国际贸易中心的核心功能区

055

▲ 本钢矿业南芬绿色选矿及智能化改造项目（一期）的六大主体土建施工已完成，陆续开始封顶，钢结构及部分设备开始到场安装。图为3月6日，在施工现场，料仓建设正在推进中

做强实体经济
加快建设现代化产业体系

解读人　省发展改革委党组成员、副主任　黄学利

　　　　　省工业和信息化厅党组成员、副厅长　毛丰燕

　　　　　省住房城乡建设厅党组成员、副厅长　曹桂喆

　　　　　省金融监管局党组成员、副局长　吴　涛

　　着力推动高质量发展，要坚持把发展经济的着力点放在实体经济上，不断提升产业基础能力和产业链现代化水平，加快建设现代化产业体系。

■ 插上"数字翅膀"　深耕场景资源

　　发展数字经济是加快构建新发展格局，着力推动高质量发展的重要途径。近年来，在一系列政策举措推动下，全省数字经济发展呈现良好态势。数字经济增加值突破万亿元，占地区生产总值比重5年提高近9个百分点，占比居全国第十一位。

　　未来三年，辽宁将统筹抓好转型升级与培育新动能，充分发挥我省产业数字化的场景资源优势和数字产业化的数据资源优势，促进数字经济和实体经济深度融合，以数字经济引领高质量发展，推动现代化产业体系建设实现新突破。

▲ 全球工业互联网大会永久会址落户辽宁省沈阳市。与沈阳市雄厚的工业基础相契合，全球工业互联网大会会议中心整体建筑也展现出浓浓的工业风、科技感

　　未来我省将大力发展软件产业，做强电子元器件及设备制造业，发展下一代通信网络、物联网、区块链等数字产业，打造软件开发千亿级和人工智能、工业互联网百亿级产业集群。将深入实施"上云用数赋智"行动，建设省级工业互联网平台、建设智能工厂和数字化车间，办好全球工业互联网大会。建设数据要素市场，促进数据合规高效流通使用。

　　我省将发挥辽宁在智能装备制造、半导体芯片制造设备等领域的产业底蕴和科技优势，为国家高水平科技自立自强、产业链供应链安全可控贡献辽宁智慧。聚焦数字产业发展需求，建设省级重点实验室和技术创新中心，对存量省级科技创新平台择优予以支持，新建科技创新平台 5 家左右，全面推动科技创新平台发展。

未来辽宁将"软""硬"兼施，合力出"新"。提升工业软件供给能力，推动沈阳、大连创建中国软件名城，重点园区争创软件名园。完善集成电路产业链，培育壮大集成电路装备产业集群。加快推进沈阳建设、大连争创国家新一代人工智能创新发展试验区。建立工业互联网和智能制造服务商资源池，创建 40 家以上省级数字化转型促进中心、80 个以上省级工业互联网平台。新建智能工厂和数字化车间达到 200 个，创建 1 个国家数字农业创新应用基地、20 个以上省级智慧农业应用基地。

■ 做好"三篇大文章" 打赢工业"翻身仗"

振兴辽宁，首先要振兴工业。今年，我省工信系统围绕建设现代化产业体系，细化分解目标，谋划政策措施，以解决企业问题为导向，畅通产业循环为重点，数字化管理为手段，持续做好结构调整"三篇大文章"，推进稳增长、扩投资、调结构、促转型，全力以赴打赢工业"翻身仗"。

在工业经济总量稳步增长方面，到 2025 年，全省规上工业企业数量力争达到 1.1 万家，规上工业营业收入达到 4.3 万亿元。为此，我们将扩大有效投资，加快建设先进装备制造、石化和精细化工、冶金新材料 3 个万亿级产业基地。助力企业开拓市场，组织推介对接活动。加强服务企业，建立工作专班，加强监测。推动升规入统，通过实施"小升规"、新项目落地和招商引资，扩大规上工业企业规模。

在结构调整方面，我省将继续做好结构调整"三篇大文章"。提升产业技术创新能力，发展创新平台，实施重大技术装备攻关工程。实施产业基础再造工程，加快高档数控机床五轴头等基础零部件研制，推进聚酰亚胺材料等重点项目。实施先进制造业集群发展专项行动，做强做大 12 个优势产业集群，培育壮大新能源汽车等 10 个战略性新兴产业集群，建设 10 个"整零共同体"示范。开展优质企业梯度培育，今年计划新增省级创新型中小企业 2000 户、"专精特新"中小企业 300 户、制造业单项冠军 50 户。

在提升发展质量、效益方面，辽宁将聚焦高端化，力争今年高端装备、精细化工、先进冶金新材料规模占比分别提高到 25.7%、46% 和 27%。聚焦智能化，推进 5G+ 工业互联网融合应用。聚焦绿色化，建设绿色低碳改造项目，培育绿色制造单位累计突破 500 家。

■ **提升居住品质 优化建筑产业**

住房是民生之要、发展之需。我省将始终坚持"房子是用来住的，不是用来炒的"定位，通过降低首付比例、首套利率，落实"以小换大""以旧换新"等税收优惠政策，在全省全面推行二手房交易"带押过户"等方式支持合理住房消费。

我省将进一步完善住房市场体系和住房保障体系，结合城市常住人口规模和结构、经济发展水平、城镇化率等因素，科学编制住房发展规划和年度供应计划，保持好住房供求平衡。增加保障性租赁住房供给，引导各类经营主体利用闲置资源建设运营保障性租赁住房。

持续提升住房居住品质，促进新建商品住宅供应规模、结构、时序、区域布局保持合理性，优化商品住房套型供应比例，满足各类群体购买需求。完善小区医疗、教育、文化、休闲、娱乐等公共服务设施，让居民生活更方便。

围绕做优做强现代建筑业，我省今年将通过继续夯实现代建筑产业体系基

▲ 秀美锦州，宜居宜业

础，推动智能建造、绿色建造、低碳建筑发展，提升企业市场竞争力，进一步
规范建筑市场秩序，优化营商环境等方式促进建筑业做优做强。

在提升建筑业企业市场竞争力方面，我省将对500家重点施工企业进行月
调度，建立和完善省、市、县三级重点企业服务包保制度，帮助企业解决生产
要素配置中遇到的困难，为建筑业企业提高市场占有率做好服务。

■ 建服务平台　为产业镀"金"

经济是肌体，金融是血脉。未来三年全省金融领域的发展目标：到 2025 年末，全省三年新增社会融资规模达到万亿元以上，三年实际新增信贷达到万亿元以上；全省境内上市公司确保达到 120 家；全省融资担保公司平均注册资本不低于全国同行业平均水平，在保余额不低于 1200 亿元。辽宁股权交易中心挂牌展示企业累计达到 2800 家，融资规模累计达到 850 亿元。

为确保将"施工图"变为"实景画"，省金融监管局在五大方面明确了 20 项主要任务和 66 条工作措施。

我省将大力推进"金融 +"战略，提高服务实体经济质效。通过"金融 + 重大项目""金融 + 制造""金融 + 科技""金融 + 绿色""金融 + 普惠"等服务行动，将金融活水更多更快引入产业良田。还将拓宽企业融资渠道，助力企业直接融资，深入实施企业上市倍增计划，推动企业利用债券融资，提升区域性股权市场综合服务能力。

同时，发挥地方金融组织融资补充作用，强化融资担保体系建设，促进小额贷款公司规范经营，支持融资租赁行业快速发展，发挥商业保理融资作用，在金融手段协同运用上取得新突破。

在修复金融生态，打造良好金融环境方面，我省将不断提高对地方金融组织的政务服务质效，建成全省统一的融资信用服务平台，到 2025 年末，平台融资规模争取超 1000 亿元，平台注册企业突破 10 万户。还将推动地方金融组织接入征信系统，完善地方金融组织监管制度，根据检查结果进行分类处置。

强化科教人才支撑
塑造发展新动能

解读人　省委组织部副部长兼省公务员局局长　孙宏伟

　　　　省科技厅厅长　蔡　睿

　　　　省教育厅副厅长　张国林

　　强化科技教育人才支撑，实施科技型企业培育计划，实施人才强省战略，加快建设教育强省，在塑造发展新动能上实现新突破。

■ 以人才振兴引领辽宁全面振兴

　　紧扣三年行动对打造国家重要人才中心和创新高地的现实要求，我省将坚持创新人才、创新平台、创新生态"三位一体"推进，深入实施新时代人才强省战略，以人才振兴引领辽宁全面振兴，为三年行动首战必胜提供坚强人才保障。

　　突出"兴辽英才计划"牵引，打造辽宁创新发展主力军。"兴辽英才计划"是辽宁人才培养使用的品牌工程、龙头工程，今年该工程将精准支持1000名高层次人才和团队。为实现这一目标，我省将大力培养科技创新人才，重点支持5名具备战略科学家潜质的杰出人才、50名拥有科技组织领导才能的领军人才、200名具有较强科研和创新潜力的青年拔尖人才。面向先进装备制造、精细化工、新材料等重点领域，成建制引进"带土移植"团队，打造卓越工程师队伍，加快集聚产业高端人才，加强重点领域、重点行业人才开发。

突出"高精尖缺"导向，吸引集聚海内外各类优秀人才。深化"手拉手"以才引才专项行动，用好用足人脉资源，吸引全球高端智力以不同方式参与辽宁振兴发展。打造大连海外学子创业周、"兴辽英才"青年论坛等引才聚才品牌平台，持续实施"百万学子留辽来辽"专项行动，深度挖掘和储备高质量就业岗位，全年吸引35万名高校毕业生留辽来辽创新创业。

突出沈大"双核"引领、协同驱动，全力打造国家级吸引集聚人才平台。我省将加快高端智力有效汇聚、产业人才融合示范、区域人才集成联动，将沈大平台打造成为战略科技人才集聚地、人才与产业融合发展示范地、东北亚人才交流合作策源地、国防军工高端人才汇聚地、人才兴业发展优选地；加强平台核心区建设，发挥核心区牵动作用，在东北地区形成高端人才和创新资源显著竞争优势。

▼ 精细化工国家重点实验室坐落在大连理工大学，是我国精细化工创新研究的重要基地，汇聚行业领军人才，引领精细化工行业发展

突出体制机制和政策创新，激发用人主体和各类人才创新创造活力。我省将坚持深化改革、破立并举，持续实施更加积极、更加开放、更加有效的人才政策。其中在积极为人才松绑方面，我省将推行以信任和绩效为核心的科研经费管理制度，落实省级财政科研经费管理25条措施，在"兴辽英才计划"战略科技人才项目、基础研究类科技项目中，全面实行科研经费"包干制"，赋予人才更大经费使用权。

突出优质高效服务，打造人才振兴的良好生态环境。坚持感情留人、服务留人，妥善解决好人才的"关键小事"，全力当好人才"娘家人"，让广大人才省却后顾之忧，全身心投入事业发展。

■ 时不我待推进高水平科技自立自强

党的二十大报告对"实施科教兴国战略，强化现代化建设人才支撑"作出部署，这是以习近平同志为核心的党中央把握国际国内大势、有效应对风险挑战、确保实现新时代新征程党的历史使命作出的重大战略抉择。省委、省政府启动实施全面振兴新突破三年行动，打一场新时代东北振兴、辽宁振兴的"辽沈战役"，这对全省科技创新工作提出了新的要求。辽宁科教资源丰富、创新底蕴深厚，有条件、有能力把科教优势、人才优势转化为振兴发展优势。

锚定三年行动目标任务，省科技厅将开展科技教育人才支撑塑造发展新动能专项行动，打造服务国家战略的科技创新高地，力争到2025年，全社会研发经费投入年均增速超过9%，全省科技型中小企业达到3.5万家，高新技术企业达到1.5万家，"雏鹰""瞪羚""独角兽"企业达到6000家，科技成果本地转化率超过60%，围绕优势领域和重点产业集群，攻克产业技术600项以上，研制创新产品300个以上，确保创新能力显著增强，创新效能有效提升，关键核心技术攻关取得重要进展，创新发展环境明显优化。

聚焦实施全面振兴新突破三年行动首战之年，省科技厅将优化科技创新全链条管理，主动服务融入新型举国体制，健全机制、积聚力量、攻坚克难，力争在6个方面助力全面振兴新突破三年行动首战告捷，为推进中国式现代化、国家高水平科技自立自强贡献辽宁智慧和力量。

在提升创新平台能级上，高标准建设辽宁实验室，培育建设全国重点实验室，加快建设沈阳浑南科技城、大连英歌石科学城，集聚高水平研发力量；在关键核心技术攻关上，紧盯结构调整"三篇大文章"，建立"高精尖缺"技术及产品需求清单，实施一批"揭榜挂帅"项目，全年计划攻克产业技术200项，研制创新产品100个；在培育壮大科技企业上，建立高新技术企业培育库，推

▼ 大连英歌石科学城

动相关金融机构联合开发"积分贷"产品，实施"瞪羚""独角兽"企业后补助计划，全面落实企业"研发费用加计扣除"等税收优惠政策；在科技成果转化提速增效上，高标准建设科技成果转化中试基地10家以上，完善成果转化服务体系，全年落地转化科技成果4000项以上；在引育科技人才队伍上，赋予企业人才举荐权，兑现项目支持政策，对项目备案征集等方面进行全面优化，吸引域外人才来辽回辽创新创业，强化人才全链条培养；在科技体制改革攻坚上，改革完善省科技奖励制度，扩大科研经费"包干制"实施范围，进一步营造有利于科技创新的良好生态。

■ 把科教优势转化为辽宁振兴发展优势

教育是国之大计、党之大计。省教育厅将紧扣实施全面振兴新突破三年行动，坚持打基础、利长远、补短板、防风险，讲大局、谋发展、求突破、作贡献，加快建设教育强省，切实把科教优势转化为辽宁振兴发展优势。

在加快形成基础教育高质量发展新格局方面，我省将加快义务教育优质均衡发展和城乡一体化，加快缩小县域内义务教育校际差距，实施学前教育发展提升计划、优质特色高中建设工程，科学合理布局城乡学校，优化教育资源配置。到2025年，全省完成义务教育优质均衡省级评估验收的县（市、区）达到50%以上，普惠性幼儿园覆盖率达到90%，优质特色普通高中占比达到60%，进一步扩大优质教育资源覆盖面。

培养什么人、怎样培养人、为谁培养人，是教育的根本问题。我省在加快形成现代职业教育新范式方面，将以国家级、省级、市级产业园区为基础，开展市域产教联合体建设，服务产业园区高质量发展。组织高等教育、职业教育资源，与行业龙头企业共建产教融合共同体。通过整合校企资源、创新培养模式、服务技术创新、建立激励机制，打造"兴辽未来工匠"培育基地。到2025年，新建市域产教联合体15个、产教融合共同体20个，培育"兴辽未来工匠"300名。

在着力打造高水平人才培养体系方面，我省将着力提升人才自主培养能力，深入推进"双一流"建设，推动高校聚焦强化育人功能、打造高水平团队、提升科技创新水平、增强服务全面振兴能力以及深化国际交流合作，新增一批高水平建设成果。加强基础学科、交叉学科、新兴学科建设，打造高水平学科集群和优势特色理工学科。到2025年，10个学科达到世界一流水平，20个学科达到国内一流水平。

围绕"一圈一带两区"重点产业需求，省教育厅将持续增强教育服务振兴发展能力。一方面，依托行业特色型大学，联合企业围绕行业产业发展，强化协同创新、协同攻关；另一方面，支持高校开展有组织科研，承担重大重点项目攻关，在关键领域和前沿技术方面取得新突破。同时，深化"百万学子留辽来辽"专项行动，促进大学生高质量充分就业。实施"教育振兴乡村"工程，加大农业科技成果供给和推广力度。到2025年，高校累计解决企业技术难题和转化科研成果超过7000项。

深化重点领域改革
推进体制机制创新

解读人 省营商环境建设局（大数据管理局）党组成员、副局长　祝国勋

省国资委党委委员、副主任　关　岩

省财政厅党组副书记、副厅长　韦　敏

省自然资源厅党组成员、副厅长　杨　斌

实现高质量发展，要加强改革系统集成、协同高效，加大力度破除体制机制障碍，推动营商环境根本好转，提升市场主体和群众的获得感和满意度。

■ 到 2025 年营商便利度进入全国先进行列

省营商局正在制定《辽宁省营商环境提升行动（2023—2025 年）》，拟定了推进重点领域改革、营造公平诚信法治环境、提高要素配置效率、降低经营成本、优化政务服务、维持公平竞争秩序六方面重点任务，提出到 2025 年，实现辽宁省营商便利度进入全国先进行列，全省营商环境实现根本好转的工作目标。

规范行政权力改革。厘清政府权力边界，严格实施行政许可事项清单 2022 版，清单之外一律不得实施行政许可。编制新版政务服务目录，将公共教育、医疗卫生等重点领域的公共服务事项全部纳入政务服务事项范围。强化

▲ 涉企法人政务服务平台——沈阳片区"浑南会客厅"正式
启动，为企业办理各种证照和许可提供便利

行政执法事项清单化管理。重点围绕民生类便民服务事项向乡镇赋权。加大向省级以上经济开发区赋权力度，促进体制机制创新，提高开发区行政管理效能。围绕项目落地开工，将依法能够下放并且能够有效承接的经济管理权限有序下放给自贸试验区，赋予自贸试验区各片区更大的改革自主权。

深化审批流程再造改革。进一步规范政务服务事项实施清单，整合业务流程、精简申请材料、压缩办理时限，推动实现同一政务服务事项办理流程、申请材料等要素在全省范围内统一。统筹制定政务服务事项"跨省通办""掌上办""免证办""就近办、家门口办"流程规则，推进不见面审批。依法建立重要审批事项"省县直通车"机制。同时推进营商环境创新试点工作，推动"一件事一次办"改革，深化"免申即享"改革。

在优化政务服务上，着重提升政务服务中心规范化水平；严格落实首问负责和否定备案制度；推进政务服务向基层延伸；持续开展政务服务事项"不计时"环节清理；"一网通办"优化政务服务；"一网协同"推进党政机关高效运行；深化"政企直通车"企业服务机制；完善企业诉求闭环办理机制。

■ 扎实开展国企改革深化提升三年行动

未来三年，全省国资国企系统将在巩固上一轮国有企业改革三年行动成果的基础上，扎实开展辽宁国企改革深化提升三年行动，突出提高核心竞争力、增强核心功能这"两条主线"，着力实施国有经济布局优化和结构调整提升工程、企业管理提升工程、央地合作提升工程、国资监管效能提升工程、国企党建提升工程这"五个工程"，实现推动做强做优做大国有企业实现新突破、央地融合发展实现新突破、国资监管效能实现新突破、国企党的建设实现新突破这"四个新突破"，切实增强国有经济在辽宁全面振兴新突破中的战略支撑作用。

全省国资国企将在三个方面补短板、强弱项，争进位、求突破。

聚焦服务全省重大发展战略的功能作用，我省将持续优化国有经济布局结构，增强国企核心功能。为此，我省将科

▲ 不断发展壮大的北方华锦化学工业集团有限公司

学制订省属企业战略规划，加快推进瘦身健体，精准压缩管理层级、减少法人户数，积极布局前瞻性战略性新兴产业，不断强化国有经济战略安全、产业引领和基础保障的功能。

聚焦打造一批具有产业控制力、科技创新力、安全支撑力的国有大型企业，我省国资国企系统将持续深化改革，提高核心竞争力。提升国有企业治理现代化水平，构建约束到位的经营责任制，健全更加灵活高效的收入分配机制，并以上市为主要途径深化混合所有制改革，完善多元化科技创新体制机制，开展关键核心技术攻关和科技成果转化。

聚焦更好发挥国有经济优势，省国资委将持续创新监管方式，通过构建全省国资"一盘棋"工作格局，深化企业分类改革，提升专业化体系化法治化监管水平，健全协同高效的国资监督体系，健全风险防控长效机制等举措，提升国资监管效能。

为保证新一轮国资国企改革取得实效，省深化国资国企改革领导小组将统筹领导推进相关工作。省国资委将发挥领导小组办公室的组织协调作用，形成工作台账，按照"五个工程"重点任务，抓好改革成果的制度化长效化。

■ 逐步建立"1+N"的省以下财政体制政策体系

财政部门肩负着为三年行动提供财政保障和服务的重要职责，未来三年，我省财政部门将以"时时放心不下"的责任感和"拼抢争实"的工作作风，对标对表三年行动方案，做到一切财政工作围绕三年行动方案来开展，一切财政政策紧扣三年行动方案来发力，一切财政资金聚焦三年行动方案来安排，优化资源配置，强化资金保障，稳步推进改革，全力服务保障三年行动。

在做好资金筹集方面，我省将做到预算资金、财政资源等优先保障三年行动顺利实施。在强化政策保障方面，我省将深化省以下财政体制改革，防范化解政府债务风险，落实落细国家组合式税费支持政策，推动积极的财政政策加力提效。同时，我省还将按照"精算、精管、精准、精细"要求，加快财政资金分配下达，在全省财政系统深入开展"进企业、进项目、进基层"活动，做实财政服务。

省以下财政体制是中央和地方财政关系的延伸，是构成政府间财政关系制度"四梁八柱"的重要部分。今年，我省将深入开展调查研究，摸清省以下财政体制现状，研究制定辽宁省进一步推进省以下财政体制改革实施意见，着力在清晰界定省以下财政事权和支出责任、理顺省以下政府间收入关系、完善省以下转移支付制度等方面取得突破，逐步建立"1+N"的省以下财政体制政策体系，构建"权责配置更为合理、收入划分更加规范、财力分布相对均衡、基层保障更加有力"的省以下财政体制。

■ 建立全省统一的建设用地使用权二级市场

我省将进一步深化土地管理制度改革，创新产业用地供应方式，盘活利用存量土地资源，建立全省统一的建设用地使用权二级市场，为全面振兴新突破三年行动提供资源要素保障。

坚持应保尽保，全力做好土地要素保障。深化部门间联动，与交通、能源、水利等部门共同建立重点项目库，超前介入项目前期工作，依据国土空间规划，为项目选址生成提供支撑服务。创新用地审批模式，实施"模块化"管理，建立县省直通车制度，推行多级联动审批。改革用地利用计划管理方式，坚持"要素跟着项目走"，以真实有效的项目落地作为配置计划的依据，做到哪里有好项目，哪里就有土地要素的充足保障。同时，优化产业用地供应方式，推行工业用地"标准地"出让。

规范节约集约用地管理，强化存量土地盘活利用。逐步提高土地要素配置效率和节约集约利用水平。持续推进存量土地盘活利用，加大批而未供和闲置土地消化处置力度。深入推进城镇低效用地再开发。创新完善土地市场配置方式，支持快速发展的新产业新业态项目建设。鼓励产业用地合理采用长期租赁、先租后让、租让结合、弹性年期方式供应。通过转变土地利用方式和提高土地利用效率释放更大的用地空间。

促进土地要素流通，推进全省建设用地二级市场建设。精确对接国家部署，准确把握改革要求，以建立城乡统一的建设用地市场为方向，以不断提升政务服务效率和水平为目标，建立覆盖全省的建设用地使用权二级市场交易服务平台，提供"交易＋登记"一站式服务。助力盘活存量建设用地资源，促进资源资本有效融合，活跃区域经济，更好地适应新型城镇化和高质量发展对土地资源配置的需求。此外，深入推进"多测合一"，有力支撑项目审批管理。

培育壮大市场主体
促进国企民企外企竞相发展

解读人　省市场监管局党组成员、副局长　惠银安

　　　　　省国资委党委委员、副主任　胡　洋

　　　　　省工业和信息化厅党组成员、副厅长　丁广军

　　　　　省工商联党组成员、副主席　吴秋菊

　　　　　省商务厅党组成员、副厅长　王昱萍

　　辽宁振兴，首先要企业振兴，企业在辽宁实现全面振兴取得新突破中发挥着不可替代的作用。当前，我省坚持"两个毫不动摇"，增强市场主体信心，激发市场主体活力，促进国企民企外企竞相发展，力争在培育壮大市场主体上实现新突破。

■ 2023年底全省市场主体预期数量达500万户左右

　　市场主体是辽宁振兴的微观基础。只有市场主体"青山常在"，辽宁经济才能"生机盎然"。

　　截至今年3月17日，全省市场主体总量已经发展到477.98万户，比上年同期增长6.06%，比上年底净增6.55万户，提前实现首季"开门红"。今年，

▲ 辽宁省在全省公务员系统开展"人人都是营商环境 个个都是开放形象"活动。让市场主体安心，让人民群众满意

省市场监管局将聚焦"市场主体超过550万户"三年任务，举全系统之力，培育更多优质市场主体，着力优化市场主体发展环境，厚植市场主体发展基础，构建市场主体服务体系。

我省将组织开展市场主体培育专项行动。实现"总量多起来"，到2023年底，全省市场主体预期数量达到500万户左右，其中企业预期数量达到128万户左右，个体工商户预期数量达到366万户左右。实现"个体活起来"，到2023年底，全省企业活跃度与全国企业活跃度差距收窄1个百分点。实现"特色树起来"，培育扶持一批具有辽宁特色的"名特优新"个体工商户，形成量质双升发展格局。

要涌现出更多高质量的市场主体，离不开一流的营商环境。在优化市场主体发展环境方面，我省将继续优化市场准入环境，上线运行全程电子化登记手机APP系统，实现市场主体登记注册"掌上办"；提升企业注销"一网服务"水平，实现市场主体多项注销业务"一次办"。持续优化监管服务环境，全面推行"双随机、一公开"监管，坚决避免随意检查、多头检查、重复检查，减少对市场主体正常经营的干扰。

在构建市场主体服务体系方面，我省将构建个体工商户服务体系，依托全省市场监管部门基层市场监管所建立 800 个"个体工商户服务站"，畅通问题沟通渠道，为个体工商户提供咨询服务，受理个体工商户反映的具体问题，依托促进个体工商户发展联席会议，建立部门联动工作机制，及时回应合理诉求，解决"急难愁盼"问题。我省还将开展市场主体监测分析。跟踪个体工商户经营形势变化，对个体工商户经营状况、面临困难问题、政策期盼等进行定点监测，为制定各项促进发展政策措施提供依据。

■ 做强做优做大国有企业

作为辽宁振兴的"龙头"，国有企业必须冲锋在前、勇挑重担。今年，全省国资国企系统将以高质量发展为主线，实施国企改革深化提升新突破三年行动，做强国有企业核心竞争力、做优国有资本布局结构、做大国有经济规模。到 2025 年末，全省地方国有企业资产总额突破 3.5 万亿元，营业收入突破 3700 亿元，利润总额突破 100 亿元，打造一批具有产业控制力、科技创新力、安全支撑力的国有大型企业，推进中央企业总投资超 1.5 万亿元的 200 个以上项目在辽落地。

今年，我省将推动省市联动、央地协同，从做优国企优势和功能、做大前瞻性战略性新兴企业、强化央地国企融合发展三方面整体推进辽宁国有企业做强做优做大。

在做优国企优势和功能方面，我省首先要推进国企战略性重组和专业化整合，做大国企规模，今年将推进省属企业间重组整合，新组建 1 家国有资本运营公司，推动国有资本、资源向优势产业、链长企业集中。同时，优化国有企业功能定位，做优国有资本功能，实施"上市+"战略，做强控股上市公司，强化战略规划刚性约束，做精企业主责主业，有效防控风险，提升国有经济运行效益。

在做大前瞻性战略性新兴企业方面，我省将积极布局新兴产业，计划在下半年举办"中央企业进辽宁"活动，加强央地国企对接，谋划推动一批新兴产业项目。设立辽宁国资国企振兴发展投资基金，发挥基金在国资布局结构调整中的功能作用，积极孵化培育新技术、新产业、新业态。持续加大重大项目投资力度，今年，省属企业计划安排投资项目82个，投资372亿元，重点推进阜奈高速、大伙房水库输水工程等20个省级以上重大投资项目。

央企是辽宁重要的战略性资源。在强化央地国企融合发展方面，今年，我省将绘制驻辽央企产业地图，梳理供应链图谱，促进央企加强在辽产业配套、延伸拉长地方产业链条。为确保央地合作项目加快落地见效，我省将加快建立央地合作"两库一清单"等央地合作服务保障机制。同时，持续深化"振兴东北央地百对协作行动"，在巩固提升协作企业成果的基础上，扩面推进"一对一"帮扶合作。

■ 为民企外企营造更好发展环境

作为经济发展中的重要载体，民营企业、外资企业平稳健康发展，离不开好的政策和制度环境作保障。营造好的政策和制度环境，对激发市场主体活力、稳定宏观经济大盘具有重要意义。

今年，省工业和信息化厅将深入落实全面振兴新突破三年行动方案，重点从营造更好发展环境、培育壮大优质企业、加大服务企业力度、深化对外交流合作等方面入手，引导民营企业加快转型升级，新增创新型中小企业2000户、"专精特新"企业300户、制造业单项冠军40户，培育10户民营企业建立现

▲ 北方重工为沈阳地铁三号线制造的盾构机正在调试

代企业制度示范企业。

　　我省将开展优质企业梯度培育，落实《优质中小企业梯度培育管理暂行办法》，健全完善我省创新型中小企业—"专精特新"中小企业—专精特新"小巨人"企业—制造业单项冠军企业梯度培育体系，强化政策支持，优化服务能力，分级分类挖掘和培育"专精特新"企业，引导企业与重点行业头部企业协

同创新，将更多优质企业纳入国家队行列。

省工商联今年将重点围绕提振民企发展信心、搭建服务平台、完善"直通车"机制、集合系统力量等方面开展工作，助力民营经济发展壮大实现新突破。在完善"直通车"机制方面，我省将实施"法治护航"行动，完善民营企业维权制度，强化法律服务，依法保护民营企业合法权益。实施"畅言聚智"行动，发挥民营经济研究会作用，组织企业家建言献策，畅通向省委、省政府反映社情民意"直通车"，促进民营经济发展问题快速有效解决。

积极引进外资企业，是实施全面振兴新突破三年行动的重要部署，全省商务系统正以超常规举措谋划、推进此项工作。到2025年，全省当年新设外商投资企业要达到1200家，制造业实际使用外资比重超过全省外资规模的50%，实际使用外资规模总量在全国排名前10位。2023年全省新设外商投资企业要达到800家，实际使用外资完成62亿美元，规模总量在全国排名前10位。

今年，省商务厅将强化外商投资服务，营造更有吸引力的外商投资环境。强化重点外资项目服务保障，完善工作机制，建立问题台账，对在辽外资企业要素保障、生产经营等方面提供全流程、全天候服务；着力提升国际人才服务水平，鼓励和支持沈阳、大连、沈抚示范区和自贸试验区先行先试建立境外职业资格单向认可清单，为具有境外职业资格的金融、建筑、设计、医疗等领域符合条件的专业人才提供相应服务，便捷提供相关社保服务。我省还将瞄准"世界五百强"及全球行业头部企业，实施"招大引强"工程，扩大外资规模。

提升开放合作水平
打造对外开放新前沿

解读人　省商务厅党组成员、副厅长　顾兆文

　　　　　省交通运输厅党组成员、副厅长　李继锐

　　　　　省政府外办党组成员、副主任　赵洪斌

　　　　　沈阳海关政治部主任、党委委员　韩　勇

实现辽宁全面振兴新突破，必须全面深化改革，坚定不移扩大开放。当前，我省正进一步强化开放意识，充分发挥区位优势、地缘优势，深度融入共建"一带一路"，全力打造对外开放新前沿。

■ 拓市场、稳外贸、抓招商

辽宁是我国面向东北亚唯一陆海双重门户、东北唯一的沿海省份，地处东北亚经济圈的核心地带，在打造对外开放新前沿上要勇挑重担。当前，我省正以战略眼光、全球视野谋划对外开放，深化重点区域国际合作，综合施策扩大进出口，全面提升招商引资水平。

在深化重点区域国际合作方面，今年我省重点强化与日本、韩国等东北亚国家以及 RCEP 成员国的经贸合作，着力提升开放合作水平。我省将统筹贸易、

▲ 中德（沈阳）高端装备制造产业园加快建设国际化、智能化、绿色化园区。华晨宝马里达工厂车间内，机器人正挥舞机械臂进行作业

投资、通道、平台建设，打造东北亚经贸合作中心枢纽。大连对标海南自由贸易港、上海临港新片区，构建投资、贸易、国际运输、人员、资金自由便利和数据安全有序流动的政策体系，打造集改革系统集成、创新资源汇聚、开放创新于一体的高水平先行区。我省还将加快重点合作园区建设，推动中德装备园高水平制度型开放，依托华晨宝马里达新工厂、新动力电池工厂等再争取引进一批中德合作重点项目。推进中日（大连）地方发展合作示范区建设，构建千亿级高端装备制造产业生态、五百亿级新材料产业集群。

在扩大进出口方面，我省提出，今年全省进出口总额要同比增长 6% 以上，

▲ 中德（沈阳）高端装备制造产业园加快建设国际化、智能化、绿色化园区

进一步发挥进出口对经济增长的拉动作用。实施外贸"双量增长"计划。帮助"零外贸"规上工业企业、"雏鹰""瞪羚""独角兽"企业和品牌企业实现进出口，积极引进央企和域外大型外贸企业在辽宁设立子公司。到2025年，全省有进出口实绩的企业超1.5万家。多元化开拓国际市场，持续办好辽宁出口商品（日本大阪）展览会，优先选择在RCEP成员国和"一带一路"沿线国家以展中展等形式举办境外自办展，全面恢复辽宁跨国采购洽谈线下对接活动。每年组织超2000家企业参加重点国际性展会。积极扩大进口，推动出台我省进口贴息政策，扩大先进技术、重要设备和关键零部件进口。

招引项目是区域发展的动力源。今年我省将下大力气狠抓招商引资，全省实际利用外资力争实现 62 亿美元。在拓展央地合作方面，我省将梳理央地合作项目，促进重点央地合作项目早签约、早落地、早投产；梳理央企合作需求，围绕重点产业精心谋划包装央地合作项目。在抓好头部企业招商和精准招商方面，我省将组织"走出去"开展以商招商、产业链招商，引进一批上下游配套企业，不断推进延链、补链、强链，提升头部企业本地配套率。

■ 搭平台、建通道、强园区

平台载体是引领地区开放发展的重要支撑和强劲引擎。今年我省将优化提升开放载体支撑，构建高能级开放合作平台，建设东北海陆大通道，提升园区发展能级。

在构建高能级开放合作平台方面，我省将多措并举，确保开放平台利用外资和进出口增速高于全省平均水平。提升自贸试验区开放引领作用，对标对表上海、海南等地区先进经验和做法，围绕企业项目推进和产业发展开展本地化创新；以高水平制度创新推进标志性外资项目向自贸试验区集聚，提升产业创新发展整体竞争力。增强综合保税区政策功能作用，科学实施区划调整申报，推进沈阳综合保税区规划调整工作，支持有条件地区申请设立综合保税区和保税物流中心。

东北海陆大通道，是日韩、东南亚经辽宁从陆路进入欧洲的重要走廊，成为辽宁打造对外开放新前沿、实现全面振兴新突破的一个重要载体。我省提出，今年，中欧班列开行数量要力争超过 850 列。我省将争取东北海陆大通道上升为国家战略，举办高质量合作论坛，组织我省企业参加关于交通物流、多式联运、中欧班列等国内外重要展会。提升港口枢纽能力，中欧班列（沈阳）集结中心争创国家中欧班列集结中心。推进中欧班列大连沿海集结中心项目建设。在交通基础设施"硬联通"方面，我省将继续强化交通运输网络顶层设计，重点推进 9 个续建项目和 5 个新开工项目建设，加快大连港太平湾港区码头泊位工程等 12 个项目前期工作。加强港口服务能力，力争今年完成 3 个万吨级以上泊位建设，使全省万吨级以上泊位总数达到 260 个。同时，我省还将继续完善集装箱航线网络布局，力争新开辟集装箱班轮航线 6 条，使港口货物吞吐量和集装箱吞吐量分别达到 7.6 亿吨、1255 万标箱。

在提升园区发展能级方面，我省将充分发挥经济开发区的主力军作用，今年全省经开区地区生产总值要超过 1.1 万亿元，增速保持 7% 以上，全年新引入投资额亿元以上项目完成 2000 个。我省将深化体制机制改革，今年全面启动具备条件的经开区社会事务管理职能剥离工作，鼓励和支持"管委会＋平台公司"市场化运营模式，探索扩大法定机构改革试点范围。推动产业转型升级，鼓励经开区制定实施区域产业发展规划，建立完善重点产业链"链长制"工作机制，培育打造一批工业总产值超 1000 亿元的经开区，启动创建省级特色产业园区。

■ 保畅通、扩友城、优口岸

提升开放合作水平，需要物流运输的畅通无阻，需要推进多层次多领域务实友好交流合作，也需要口岸环境的进一步优化。

辽宁是东北地区最便捷的出海大通道和"一带一路"的重要节点，保障重点物资运输畅通责任重大。我省一直高度重视"北粮南运"和化肥等重点物资运输保障工作，建立健全工作协调联动机制，加强与物资供需企业沟通对接，主动上门服务，切实打通道路货运"最后一公里"，鼓励道路运输企业提供"门到门"服务模式。同时，我省还建立了 78 家重点运输企业"白名单"，港口采取优先进出港、优先引航、优先靠泊、优先装卸"四优先"措施，铁路采取优先安排去向、优先配备车辆、优先组织装车、优先挂运放行"四优先"措施，高速公路收费站设置 105 条粮食运输车辆专用通道，全力保障粮食及时转运和春耕农资运输。

今年我省将发挥外事工作在政策、平台、渠道、信息方面的优势，扩大开放平台的集聚效应，创新外事服务的支持举措。我省将继续积极邀请重要国际组织、"世界五百强"外资企业嘉宾等来辽访问考察、对接洽谈。举办首届中日地方冰雪经济大会，并计划在"东北亚地区地方政府联合会"框架下申请新设数字经济专门委员会，搭建更多有影响力的平台。完善省市两级"外事管家"队伍建设，切实为企业办实事解难事，进一步深化外事助企纾困行动。

口岸营商环境直接关系到广大进出口经营主体的切身利益和获得感。今年，沈阳海关将努力实现口岸通关时间更短、通关成本更低、通关手续更便捷的目标。进一步深化"放管服"改革，巩固压缩进出口整体通关时间成果，通过开展货物通关全流程监控，严格控制口岸通关各环节作业时间，给广大企业提供稳定的通关预期。综合运用"先放后检"等贸易便利化措施，支持大宗商品、高新技术产品快速通关，加快解决矿产品、粮食、汽车零部件进口企业靠泊、放行、鉴重等环节存在的难点堵点问题，充分释放改革政策红利，不断降低制度性交易成本。

辽港集团大连港集装箱码头

全面推进乡村振兴
加快建设农业强省

解读人　省农业农村厅党组成员、副厅长　杨洪波

　　　　　省水利厅党组成员、副厅长　王福东

　　　　　省文化和旅游厅党组成员、副厅长　赵　辉

　　　　　省乡村振兴局党组成员、副局长　孙　雨

强国必先强农。我省明确，要将"坚持农业农村优先发展，在全面推进乡村振兴上实现新突破"作为新时代"辽沈战役"十项新突破之一。达成愿景，需要全面推进乡村振兴，加快农业农村现代化，加快建设农业强省，建设宜居宜业和美乡村。

■ 让"米袋子""菜篮子"量足质优

保障国家粮食安全是习近平总书记赋予东北、辽宁的政治使命。作为全国粮食主产省之一，辽宁心怀"国之大者"，把抓好粮食和重要农产品生产作为"三农"工作的首要任务。通过全面落实播种面积任务，提升单产水平，加强耕地保护和质量建设等措施，持续提升综合生产能力，夯实安全根基。

今年，我省粮食播种面积要稳定在 5303 万亩以上，目前任务已分解落实，

春耕备耕正在有序推进当中。做好种业振兴大文章，开展农业种质资源保护、种业企业育繁推一体化发展等能力建设，建设农业种质资源库（圃）9个以上，推进水稻、玉米、大豆等突破性新品种培育。耕地质量提升方面，要通过加大高标准农田建设力度，做到抗旱与排涝"两兼顾"、新增建设和改造提升"两手抓"，新建和改造提升高标准农田289万亩，分类实施黑土地保护工程1000万亩。

提高"菜篮子"生产供给能力，科学调控生猪产能，推动奶业振兴，推进设施农业建设和改造升级，发展现代海洋渔业。扩大优势特色产业规模，延伸产业链条，重点抓好小粒花生、白羽肉鸡、良种奶牛、大豆、辽河流域粳稻国家优势特色产业集群项目建设，新增省级以上农业产业化重点龙头企业50个

▼ 朝阳市建平县罗福沟乡调整种植结构，治理水平梯田8000余亩，推广杂粮、酒高粱等高产高效农业，切实促进农业增效、农民增收

以上，新增 1 个国家级优势特色产业集群，培育农产品区域公用品牌 6 个。渔业方面，新增国家级海洋牧场示范区 3 个，建设远洋渔业捕捞设施，辽渔集团的南极磷虾捕捞加工船建成投入使用，加快大连（辽渔）国家远洋渔业基地建设。建设国家级沿海渔港经济区，今年全面启动大连杏树屯国家级沿海渔港经济区核心区杏树中心渔港建设、黄海沿岸带渔港建设、渤海沿岸带渔港建设以及全区渔港、渔船远程智能监控系统建设。

充分发挥我省丰富的农业资源优势，由农产品大省向食品工业大省转变。打造一批全产业链产值超千亿元的优势产业集群，重点培育 2000 亿级的粮油、畜禽深加工产业集群。建立全省预制化食品重点企业名录，打造一批标杆型龙头企业。通过构建"辽字号"品牌体系，提升食品工业质量和标准。同时，实施食品安全工程，鼓励企业实施诚信管理体系国家标准，建立地方特色食品全生命周期追溯制度。

■ 大力发展新产业新业态

在乡村"五大振兴"中，产业振兴排在第一位。我省积极依托农业农村特色资源，开发农业多种功能，挖掘乡村多元价值，发展乡村特色产业。

今年，我省要培育创建一批"一村一品"示范村镇、农业产业强镇、现代农业产业园和农业现代化示范区，引导和撬动更多资源要素向乡村汇聚，推动乡村产业集聚发展。同时，大力发展新型农村集体经济，稳步推进农村集体产权制度改革，逐步完善农村集体资产监管，不断拓展农村集体经济收入来源。培育新型农业经营主体，实施新型农业经营主体提升行动，开展示范社、示范家庭农场三级联创，新增县级以上示范合作社 100 个、示范家庭农场 200 个。实施农业社会化服务促进行动，农业生产托管服务年实施面积新增 50 万亩。

上／ 大连塔河湾海域海带作业船在拖船的带动下逐浪前行

下／ 丹东东港市海蟹上岸，渔民们一派忙碌的景象，共同分享丰捕的喜悦

乡村旅游正逐步成为推动乡村产业高质量发展的新动能。近年来，我们依托辽宁乡村文化、民俗风情、田园风光和丰收硕果，推出系列政策举措，推动实施一批具有较强带动作用的文旅产业项目，提质升级一批文旅产业品牌，建设一批特色鲜明、优势突出的文旅产业特色乡镇、特色村落，乡土文化得到有效激活，乡村文化和旅游业态不断丰富，乡村自然资源和人文资源得到有效保护利用。乡村旅游引领带动农村经济社会发展的作用日益凸显。下一步，我省将进一步扩大乡村旅游优质产品供给和品牌影响力。培育创建国家文化产业和旅游产业融合发展示范区，培育建设乡村融合发展示范园区；开展文化产业赋能乡村振兴试点工作，推动建设宜居宜业宜游和美乡村。

我省努力将乡村旅游重点村镇建设打造成乡村旅游的重要品牌。经过三年的培育创建，目前我省共有国家级乡村旅游重点村镇 47 个，推动乡村实现了基础设施的不断完善、服务质量的不断提升，以农民为主体的利益联结机制不断健全，极大促进了我省乡村优质旅游资源的开发利用。下一步，我省要推动"农业＋文旅"融合发展，建设"乡村＋度假""乡村＋康养""乡村＋研学""乡村＋文创""乡村＋潮流"等 20 个场景业态。把有地方特色和文化内涵的农产品、非遗产品开发成"辽礼"系列文创伴手礼，充分利用线上线下渠道打造辽宁"后备箱"工程品牌。提升乡村民宿服务品牌，全面提高住宿服务的标准化、规范化水平。同时，鼓励利用农村闲置宅基地和农房，发展"互联网＋民宿"模式，丰富旅游住宿产品供给品类。

■ 乡村建设靓"面子"、强"里子"

没有农业农村现代化，就没有整个国家的现代化，而推进农业农村现代化，离不开坚实的基础设施保障。粮食生产、乡村产业发展等，都需要有完善的交通、水利、物流、信息等要素支撑。党的二十大报告将"农村基本具备现代生活条件"作为到 2035 年国家发展的总体目标之一，对照这一目标任务，我省提出以普惠性、基础性、兜底性民生建设为重点，扎实推进乡村建设行动。

灌区兴则仓廪实。今年，我省将持续加快推进大中型灌区现代化改造，东港、凌海、营口、灯塔 4 座大型灌区现代化改造项目"十四五"剩余计划投资 4.74 亿元，力争春灌前完成主体工程建设，确保春灌顺利；浑北、三道、孤山、大清河等 6 座中型灌区现代化改造项目计划投资 2.85 亿元，计划年底前全部完成建设任务。同时，积极部署计划项目库内 6 座中型灌区提前实施项目建设，力争在 4 月份启动开工。

道路畅则百业兴。通过不断完善交通基础设施布局和功能，让基层尤其是偏远村镇"进得来、出得去、行得通、走得畅"，为农村地区带去人气和财气。为此，我省今年将推进农村公路提档升级，重点实施乡村级公路硬化，建制村通双车道以及"畅返不畅"改造等任务，打造便捷高效的农村公路网络，计划实施农村公路建设改造工程 5000 公里。

环境美则更宜居。加快补齐农村环境短板，切实改善村民居住环境，才能为乡村振兴奠定坚实基础。今年，我省将全面开展农村环境净化整治，推进农村生活垃圾和污水治理，整治农村黑臭水体，实施"四旁"绿化体系建设，谋划推进农村公共基础设施和基本公共服务建设，创建美丽宜居村 1020 个。与此同时，大力推进农村规模化供水工程建设和小型供水工程标准化改造，计划实施 300 处农村供水工程，将农村自来水普及率提升至 85.5%。

目前，省委农村工作领导小组印发了《辽宁省推进乡村建设行动实施方案》，提出要逐步把乡村建设成为基础设施基本完备的乡村、基本公共服务普惠可及的乡村、人居环境优美宜人的乡村、社会治理和谐有序的乡村、精神富有文化繁盛的乡村。朝着这个目标，辽宁在全面推进乡村振兴的道路上笃定前行。

地处大连市甘井子区革镇堡街道羊圈子村的海滨公园——落霞湾公园，诗一般的美景刷爆朋友圈。红色的夕阳、金色的海天、七彩的广场、熠熠生辉的灯塔……一幅现实版的"落霞与孤鹜齐飞、秋水共长天一色"美景让人流连忘返。随着大力实施乡村振兴战略，乡村的绿水青山间写满了诗情画意

优化经济布局
促进协调发展

解读人　省发展改革委党组成员、副主任　苏文忠
　　　　　省自然资源厅党组成员、副厅长　杨　斌
　　　　　省农业农村厅党组成员、副厅长　刘怀野

推动区域协调发展，是构建新发展格局的重要途径。我省明确提出，要"统筹'一圈一带两区'建设，在促进区域协调发展上实现新突破"。实现这一目标，要坚持区域、城乡、陆海统筹。

■ "一圈"促"一体"

深入实施沈阳现代化都市圈发展规划，要坚持一体化发展，加快建设"一枢纽、四中心"。我省提出，2025年沈阳地区生产总值要突破万亿元，一般公共预算收入突破1000亿元。

在建设沈阳国家中心城市方面，我省明确要制定实施沈阳临空经济区发展规划，推动中欧班列集结中心、生产服务型国家物流枢纽建设。做大做强汽车及零部件、集成电路、机器人、航空等优势产业。完善浑南科技城基础设施水平，加快辽宁材料实验室、辽宁辽河实验室建设。提升辽宁股权交易中心功能。

推进文创产业融合发展。

在加强基础设施互联互通方面，加快建设沈白高铁（沈阳—安图）、沈丹铁路桃仙段外迁工程。推进沈海高速公路鞍山北互通立交项目、抚顺环城公路等工程建设。做好都市圈环线高速、秦沈高速、新阜高速、鞍台高速等高速公路项目前期工作。加快国家工业互联网大数据中心辽宁分中心建设。加快推进大伙房水库输水二期二步、辽河干流防洪提升等重大水利基础设施建设。

加快推进都市圈一体化发展，要强化都市圈优势产业、公共服务一体化发展，着力推进全产业链深度协作，深化文旅、教育、医疗等领域跨区域合作，加快推进沈抚同城化发展。支持沈本、沈阜共建产业合作园区。办好第四届辽宁国际投资贸易洽谈会、2023 全球工业互联网大会等重点展会，推动更多优质项目落户都市圈。年底前累计实现 150 项政务服务高频事项在都市圈内跨域通办。

■ "一带"抓"协同"

变近邻为队友，辽宁沿海六市应协同发展谋未来。我省提出，要高质量建设沿海经济带，不断增强大连辐射带动作用，到 2024 年，大连地区生产总值力争率先突破万亿元，2025 年一般公共预算收入力争突破 1000 亿元。

在加快建设大连现代海洋强市方面，强化东北亚国际航运中心枢纽地位，积极推动《大连港总体规划》获批。优化大连港国际中转、环渤海内支线及内贸南北航线网络，开辟外贸散杂货班轮航线。对标建设自由贸易港，在北良港区试点建设进境大豆离岸现货市场，在粮食等大宗商品贸易物流领域开展集成式改革创新。开工建设大连深远海养殖旅游观光综合体 2 座，创建国家级海洋牧场示范区 3 个。

▲ 作为大连市农业的特色优势品种，大连海参产业在养殖规模、产量、品牌影响力等
方面均居全国前列。全市海参产品已形成盐渍、干品、即食、保健品四大类十几个
品种，全产业链产值达 200 多亿元

　　要推动沿海六市协同改革创新，深入实施《辽宁沿海经济带高质量发展规
划》，出台《东北海陆大通道总体规划》。布局建设海洋科技大连实验室。加快
推进大连石化搬迁取得实质性进展，力争大船集团异地升级项目开工建设。推
动盘锦兵器精细化工及原料工程项目开工建设，加快辽宁（盘锦）精细化工中
试基地建设。

　　要完善区域协同发展机制。研究编制辽宁沿海经济带六城市协同联动发展
行动方案、辽河三角洲高质量发展试验区建设行动方案，编制完成《锦州区域

中心城市发展规划》。加快辽宁沿海经济带文化旅游一体化协同发展，全面启动"海上游辽宁"活动。推动在大连异地就医人员门诊慢特病认定、高值药品省内互认、计划生育医疗费省内异地就医直接结算。

■ "两区"向纵深

区域协调发展要形成各地优势互补、协同共进的发展格局，在这之中，辽西融入京津冀协同发展战略先导区、辽东绿色经济区也要各司其职。

在辽西先导区建设方面，加快推进北京延庆·辽宁阜新智能制造产业园建设，推动中国原子能科学研究院京外基地项目落户葫芦岛，持续推进辽宁（东戴河）带土移植转化中心建设；加快推动辽西北山水林田湖草沙保护与修复一体化项目重点工程，加快推进彰武经济开发区零碳园区建设，推进朝阳市大凌河西支水质改善与生态治理项目建设；打造绿色农产品供应基地，深化与北京首农集团合作，加快推进辽宁原本食品有限公司3万吨食品深加工项目建设；打造清洁能源供给地，持续推进徐大堡核电二期3、4号机组建设进程，推进华润、国能集团总计120万千瓦和阜新240万千瓦风电项目核准启动，加速推进能建数科辽宁朝阳30万千瓦压缩空气储能电站工程；打造休闲旅游目的地，打造文旅品牌，建设辽西文化旅游大环线。

在辽东绿色经济区建设方面，全面提升森林生态功能，强化水资源、水生态保护治理，推进诚信水库上游环境治理、大伙房水库防火道路等项目建设；建设绿色低碳产业集聚区，支持西丰、岫岩两个县建设国家农业绿色发展先行区，发展特色经济林和林下经济建设2.5万亩，实施辽东绿色经济区农业品牌创建工程；建设全域旅游示范区，推动乡村旅游高质量发展。

■ 县域提实力

县域经济作为国民经济的基本单元，在国民经济体系中占据重要地位。我省明确提出，要全面提升县域经济综合实力。

在推进城镇化建设上，要提升县城功能品质，加快建设瓦房店市瓦轴河海绵健康步道、庄河市天门山至步云山新建公路工程等重点项目。择优选取经济基础较好、人口集聚程度较高、综合承载能力较强、现有产业发展稳定、建设积极性较高的 20 个镇，创评省级重点镇。加快推进瓦房店市谢屯镇陆上风电、黑山县段家乡蛇山子村基础设施提升改造等项目建设。

在促进县域产业发展上，要大力培育县域主导产业，筛选确定 2023 年县域工业重点推进项目。新建海洋牧场 3 个，新增 5 个农产品加工集聚区。升级改造一批商贸中心、大中型超市、集贸市场，新建、改造一批县级物流配送中心和乡镇快递物流站点。支持桓仁高句丽五女山景区、丹东天桥沟景区创建国家 AAAAA 级旅游景区。力争创建 5 个国家级乡村旅游重点村和 20 个省级乡村旅游重点村。不断壮大民族自治县产业规模，扶持民族自治县项目不少于 80 个。

积极培育"百强"后备梯队。推动瓦房店市、海城市和庄河市在全国百强县中争先进位。加快推进恒力石化年产 260 万吨高性能聚酯等项目建设。因地制宜推动县域主导产业特色化、特色产业集群化。加快推进大石桥市营口上电 200 兆瓦风电等项目建设。不断增强县域核心竞争力，力争地区生产总值超300 亿元的县达到 5 个。

■ 做强"海文章"

我省海洋资源丰富，区位优势明显。释放"蓝色"潜力，拓展海洋经济，一直是辽宁"向海图强"的重要支点。

我省提出，要大力发展海洋渔业，高标准建设现代化海洋牧场，推进长山列岛、辽东半岛西部、辽东湾北部、辽西五大核心片区建设，创建国家级海洋牧场示范区 3 个以上。发展可持续远洋渔业，创建国家远洋渔业基地，实施辽宁大连（辽渔）国家远洋渔业基地港口泊位功能升级改造等项目。

加快发展临港产业，要设立丹东港临港工业区，重点发展大豆加工等临港产业。加快推进大连海上风电场建设，重点推动锦州市 50 万千瓦新增风电等项目建设。差异化发展航运业务，深耕 RCEP 协定国家航线市场，深化与班轮公司合作。完善海铁联运网络布局。

在持续强化海洋经济要素保障上，要开辟用海绿色通道，强化项目前期指导，全力保障重大项目用海需求。集约高效利用海域，严控建设项目用海规模，提高投资强度和利用效率。科学合理配置海域、海岛、海岸线等资源，保障重大项目和重大基础设施落实。加强海洋经济运行监测与评估。

在三年行动中，我省将通过优化海洋空间格局、促进资源要素合理配置、加强海洋生态保护与修复等手段，积极推进现代海洋产业体系构建，促进区域海洋经济协调发展，构建内外联动、陆海互济的对外开放新格局。

锚定"双碳"目标
建设清洁美丽家园

解读人　省生态环境厅党组成员、副厅长　陶宝库
　　　　　　省能源局监管总监　宋　阳
　　　　　　省自然资源厅党组成员、副厅长　杨　斌
　　　　　　省水利厅副厅长　张宏斌

实现全面振兴新突破，必须深入贯彻落实习近平生态文明思想，坚定不移走生态优先、绿色低碳的高质量发展之路，以高水平保护促进高质量发展，加快推动形成绿色低碳生产生活方式。当前，我省正协同推进降碳、减污、扩绿、增长，加快建设天更蓝、山更绿、水更清、生态环境更美好的美丽家园。

■ 稳步推进碳达峰、碳中和

我省将碳达峰、碳中和作为推动高质量发展的重要引擎，坚持生态优先、绿色发展，控制化石能源消费，推动重点领域清洁低碳转型。

未来三年，我省将推动清洁能源高质量跃升发展，立足辽宁风、光、水、核和生物质等清洁能源品种齐全的发展基础，推动能源生产、消费结构持续优化升级，加快构建新型电力系统，初步建成具有全国影响力的清洁能源装

备制造基地和东北区域能源（电力）交易中心。到 2025 年，全省发电装机突破 9000 万千瓦，其中清洁能源装机占比超过 50%，清洁能源发电量占比达到 48%；非化石能源消费占比年均提升 1 个百分点以上，煤炭消费占比年均下降 1.4 个百分点；单位地区生产总值能耗较 2020 年下降 14.5%。

聚焦清洁能源强省建设，今年我省将以实施能源保障能力提升工程为抓手，全力谋划推动高质量项目。在推进煤炭消费替代和转型升级上，加快淘汰煤电落后产能，完成煤电节能改造 370 万千瓦，灵活性改造 100 万千瓦，供热改造 35 万千瓦。在发展新能源上，加快推进全省风电光伏基地型、规模化开发建设，重点支持辽西北等地区建设国家级风电光伏基地项目，科学有序发展海上风电。积极推动新型储能规模化建设，加快抽水蓄能电站建设。全省风电光伏新增并网容量力争达到 400 万千瓦。在推动清洁电力资源优化配置上，加快推进巴林—奈曼—阜新线路、营口虎官、盘锦辽滨和徐大堡核电送出等 500 千伏电网工程以及 725 万千瓦新增风电项目配套 220 千伏送出工程前期工作，力争年内实现开工建设，非化石能源消费比重达到 11.6%。今年我省还将积极推动绿色电力交易，出台年度绿电交易工作方案并组织实施，使绿色电力交易电量超过 10 亿千瓦时。

我省在推行绿色制造、绿色建筑、绿色交通等领域也提出明确目标，力争使省级绿色制造单位累计突破 500 家，城镇新建绿色建筑占新建民用建筑比例达到 90%，海铁联运量力争突破 150 万标箱，新增、更新新能源或清洁能源公交车 500 台。同时，着力推进大宗固废综合利用，推进铁岭、本溪等 5 个国家级大宗固废综合利用示范基地建设，推进沈阳永安经济开发区等 10 家园区开展循环化改造。

■ 持续深入推进污染防治

让蓝天、绿草、碧水成为辽宁的亮丽底色，必须持续深入打好污染防治攻坚战。

在大气污染防治上，今年我省将强化重污染天气精准应对。紧盯 2023 年度 20 个大气重污染区域，实施"一区一策"整治。实施重点行业企业环保绩效差异化管控，环保绩效 A 级和保障类企业纳入"白名单"。健全完善秸秆禁

中船重工庄河 II 号海上风电场项目，总投资 54.1 亿元

烧高清视频监控系统，严控秸秆露天焚烧。以菱镁、陶瓷等行业为重点，开展涉气产业集群排查及分类治理。强化重点钢铁企业超低排放改造，重点推进鞍钢集团等24家企业有序实施清洁运输各环节改造，减少污染物排放。

我省还将强化臭氧和细颗粒物协同治理。推进供热管网覆盖范围内的燃煤锅炉整合，在石化、化工、工业涂装、医药、农药、包装印刷和油品储运销等重点行业，实施挥发性有机物治理设施升级改造。聚焦4月至9月的重点时段，解决重点企业储罐、装载、污水处理等挥发性有机物无组织排放和泄漏检测与

修复不符合标准规范问题。

在水污染治理上，今年我省将强化河流精准治污。划定重点河段控制单元，建立重点排污单位监管清单及管控措施，"一河一策"制定重点河段河流水质防风险保达标应急预案。基本完成流域面积 50 平方公里以上干流及一级支流入河排污口整治。实施县级城市黑臭水体排查整治，完成整治工程量的 60%。全省推进排水管网改造 1300 公里，城市生活污水集中收集率达到 67%。同时，强化饮用水水源保护，县级及以上城市在用集中式饮用水水源水质稳定达到或优于三类标准。强化陆海统筹治理，修订河流断面水质污染补偿办法，将总氮指标纳入考核。全省畜禽粪污综合利用率达到 78% 以上。开展辽东湾主要入海污染物溯源分析，建立辽东湾污染物入海负荷清单，推进大连、营口、葫芦岛入海河流污染治理。

在土壤污染防治上，今年我省将强化土壤安全利用。深入开展农用地镉等重金属污染源头防治。加强关闭搬迁企业地块土壤污染管控，实施 8 个土壤污染源头管控重大工程项目。农村生活污水处理率达到 30%。完成 23 条农村黑臭水体治理。创建 5 个省级农村生活垃圾分类和资源化利用示范县。新增完成 460 个行政村环境整治。强化"无废城市"建设，开展园区内废塑料等废旧物资综合利用。

我省还将深入谋划生态环境导向开发模式试点。组织推进"沈阳市沈北新区生态环境综合治理与绿色产业项目"和"辽阳市弓长岭区基于汤河流域及矿区人居生态环境生态治理的片区开发项目"等试点项目。

■ 加强生态保护和修复

实施好国土空间生态保护修复，对我省生态文明建设具有重要意义。未来三年，我省将加强山水林田湖草沙一体化保护和系统治理，坚持治山、治水、治城一体推进。围绕提升水源涵养能力和森林碳汇能力、水系两岸的水土保持和防风固沙能力等方面，持续开展辽河流域山水林田湖草沙一体化保护和修复工程建设，计划完成生态保护修复总面积 552 平方公里。

辽宁作为矿业大省，矿山治理是重点任务之一。今年我省将深入开展绿色矿山建设，着力构建管理规范、集约高效、环境优良、矿地和谐的绿色矿业发展新格局，全年力争新增省级绿色矿山 100 家以上。实施矿山复绿三年行动，到 2025 年年底，完成 43.7 万亩废弃矿山治理任务。

未来三年，我省将深入开展自然保护地体系建设。积极主动对接，争取国务院正式批复设立辽河口国家公园，开展国家公园湿地生态保护与恢复。实施一级生物多样性保护廊道畅通工程。开展绿化扩面提质，推进科学绿化试点示范省建设，统筹落实重点工程项目，推广使用乡土树种草种造林绿化，加大营造混交林力度，推进乡村"四旁"绿化，加强森林抚育和退化森林草原修复，推进林草资源扩面提质，增强生态系统服务功能。完成营造林 125 万亩，草原修复 29.88 万亩。

预防水土流失是未来我省水土保持工作的重点。我省将建立健全水土保持目标责任考核制度，强化考核奖惩激励，大力实施小流域综合治理等重点工程，着力构建党委领导、政府负责、部门协同、全社会共同参与的水土保持工作格局。全省新增水土流失治理面积 2000 平方公里，水土保持率达到 77.25%，为辽宁全面振兴新突破提供有力支撑和保障。

▲ 春日到来，辽河冰雪消融、万物复苏。在铁岭县镇西堡镇辽河铁岭段河面上，每天都有数
以千计野鸭在这里栖息。野鸭时而高空盘旋、时而水中嬉戏，呈现一幅美丽的生态画卷。
自河长制推行以来，全省各地实行"一河一策"治理保护方案，辽河水更清了，天更蓝了，
鸟儿的数量和种类逐年增加，如今，辽河流域已成为鸟儿栖息的乐园

增进民生福祉
共享发展成果

解读人　省人力资源社会保障厅党组成员、副厅长　谷孝红

　　　　　省民政厅党组成员、副厅长　王茂彦

　　　　　省住房城乡建设厅党组成员、副厅长　华天舒

　　　　　省文化和旅游厅党组成员、副厅长、一级巡视员　赵奎伟

　　　　　省卫生健康委党组成员、副主任　计立群

实施全面振兴新突破三年行动的出发点和落脚点，是让振兴发展成果更多更公平惠及全省人民。不断增进民生福祉，在提高人民生活品质上实现新突破，我省践行以人民为中心的发展思想，坚持在发展中保障和改善民生，让人民群众有更多获得感、幸福感、安全感。

■ 多措并举促进高质量充分就业

就业是保障民生的头等大事。我省将实施就业优先政策，健全就业促进机制，实现高质量充分就业新突破。2023 年，全省城镇新增就业 45 万人左右。到 2025 年，将累计新增城镇就业 138 万人，城镇调查失业率保持在 5.5% 左右的合理区间，18 岁至 45 岁中青年群体新就业占比达到 75%。

加强就业与区域发展、投资、产业、财政、金融、教育等政策的协调联动，及时调整优化稳就业政策措施，制发高校毕业生就业创业、支持农民工就业创业促进增收致富、促进优秀退役军人到中小学任教、重点群体创业等13项政策文件，为重点群体就业创业提供良好环境，全力保发展惠民生。

实施"春暖辽沈·援企护航"保用工促就业助振兴行动计划，全年开展专场招聘1000场以上，走进企业、院校、社区、乡村"送政策""送岗位""送服务"15万次以上，为各类市场主体解决用工缺口60万个。实施高校毕业生就业攻坚行动计划，精准匹配用人单位人才需求和未就业高校毕业生求职意愿，用心用情用力提供针对性服务，促进省内外青年留辽回辽来辽就业创业。2023年，开发高校毕业生就业岗位42万个以上，离校未就业高校毕业生实名制登记跟踪回访率、就业服务率达到100%，有就业意愿困难家庭高校毕业生100%就业。

援企稳岗，助企纾困。研究制定稳岗返还、降费缓缴等阶段性减负稳岗扩就业政策，全力推行"免申即享""即申即享"经办模式，全年帮助企业稳定岗位330万个，帮助市场主体提振发展信心，增强发展后劲。引导公共就业服务资源向乡村基层延伸，打造一批辽宁特色劳务品牌，全年组织农村转移劳动力输出不少于100万人，脱贫人口外出务工规模不低于15.6万人。举办退役军人专场招聘会，全方位保障残疾人就业，建立失业人员就业帮扶工作定期通报机制，实现失业人员再就业35万人以上，就业困难人员就业6万人以上。实施创业带动就业工程，强化政策扶持、创业服务和创业培训，全年扶持创业带头人1万人以上，带动就业6万人以上，开展各类创业活动不少于330场次。

实施新业态劳动者权益保障强基提质工程，开展温暖服务行动和电商行业示范创建活动，推动新就业形态集体协商。组建100个暖心专区和100名服务专员"双百服务"促灵活就业网络，全省开展"送政策""送温暖""送服务"活动不少于2400场。实施健全公共就业服务体系工程，拓展基层"网格化"

就业服务范围，推广"舒心就业"服务平台典型经验，建设一批"暖心型"充分就业社区。

■ 打好民生保障的组合拳

奋进新征程，实现新突破，我们要继续打好民生保障的组合拳。

健全基本民生保障体系，我省将健全完善分层分类救助体系，不断提高困难群众最低生活保障水平。健全完善老年人、残疾人、儿童等特殊群体服务保障制度。部署应用困难群众智慧救助系统，实现社会救助服务全流程网上办理。推进未成年人保护体系建设，健全孤儿、事实无人抚养儿童基本生活养育标准自然增长机制，年均提高 6% 以上。大力培育发展壮大慈善组织，探索建立慈善资源和慈善项目库。

提升基本社会服务水平，我省将大力发展养老服务，不断完善居家社区机构相协调、医养康养相结合的养老服务体系和健康支撑体系。推进 1.5 万户特困老年人家庭开展适老化改造。落实各项优惠政策，年增加养老床位 3000 张左右。持续推动居家和社区基本养老服务提升行动，今年年底前街道层面养老服务综合体覆盖率达到 67%。统筹抓好项目储备和福彩事业发展，谋划储备建设高质量民政项目群。不断加强和改进行政区划工作。

加强基层社会治理，有效提升社区精细化治理、精准化服务水平。优化城乡社区综合服务设施布局，推进城乡社区综合服务设施建设。推进社区工作者职业化、专业化建设。加快推进社会组织健康发展，培育壮大社会组织，今年年底前，全省新增社会组织 1000 家以上。持续加强社会工作机构服务能力。扩大专业社会工作人才队伍。积极推动婚俗领域移风易俗。稳步提升志愿服务水平。

推进健康辽宁建设，在优质医疗资源扩容和均衡布局方面，我省将实施卫

▲ 抚顺市二级以上医疗机构开通"老年人就医绿色通道"，为老年人就诊提供便利

生健康"强基行动"，将更多的资源和要素向基层倾斜，持续加强基础设施建设和基本设备配备，累计建强 400 所乡镇卫生院和 8000 个村卫生室，大力发展社区医院，推动家庭医生签约服务扩面提质。打造国家区域医疗中心服务新高地，年内支持建设 100 个临床重点专科，基本建成布局合理、覆盖面广的国家、省、市、县四级重点专科群。加快推进城市医联体和县域医共体建设。持续推进急诊急救能力建设。

实施公共卫生能力提升工程。加强重大疫情防控救治体系和应急能力建设。实施重大突发事件紧急医学救援能力建设项目。完善慢性病防治体系。

围绕中医药强省建设，开展中医药服务能力提升行动。高质量建设国家中医疫病防治基地、国家中医药传承创新中心、中西医协同"旗舰"医院和中医特色重点医院。建设打造中医优势专科群，提高中医专科服务能力。全方位打造中医药人才队伍。广泛开展中医药文化传播。推动中医药健康产业发展。

聚焦特殊人群健康保障，健全妇幼健康服务体系，完善儿童保健服务体系，发展多种形式普惠托育服务。强化老年人健康支撑体系。构建覆盖全省的精神卫生和心理健康服务体系。

实施数字健康和智慧医疗工程，推进卫生健康领域数字化建设，加快实现省、市、县、乡、村居民全生命周期医疗健康数据互联互通和一体化管理。推进智慧医疗、智慧医院建设。

■ 打造极具时代感的幸福生活场景

2021 年以来，我省改造城镇老旧小区 2449 个，建设口袋公园 2795 个，新增公布省级历史文化街区 4 条、历史文化名镇 16 个、名村（传统村落）263 个、历史建筑 351 个，一批极具时代感的幸福生活场景不断展现，老百姓的获得感、幸福感、安全感不断提升。

聚焦实施新时代全面振兴新突破三年行动，我省将锚定高质量发展目标，全力推动实施城市更新行动，推进城市老旧管网更新改造，到 2025 年，全省计划更新改造老旧管网 1.6 万公里。加快老旧小区改造，2023 年全省计划改造老旧小区 1200 个，建筑面积 4889 万平方米，涉及居民 71.4 万户、11923 栋楼，预计投资额约 146 亿元。实施市政基础设施智能化管理，对城市供水、排水、燃气、供热等市政基础设施进行升级改造和智能化管理，进一步提高市政基础设施运行效率和安全性能。

为人民群众创造高品质的生活空间，今年我省将继续积极推动全省海绵城市建设，逐步建设系统化全域海绵城市。推进生活垃圾分类，沈阳市、大连市建成生活垃圾分类处理系统，城市生活垃圾回收利用率保持在 35% 以上；其他市城市生活垃圾回收利用率达到 25% 以上。地级以上城市居民小区垃圾分类覆盖率达到 90% 以上。开展完整社区建设试点，聚焦群众关切的"一老一幼"设施，重点围绕居民反映的主要问题和不足，加快补齐社区服务设施短板，进一步提升社区服务功能，到今年年底前全省将建设 17 个完整社区试点。

满足人民文化需求，增强人民精神力量，我省坚持以人民为中心的创作方向，叫响"文艺辽军"品牌，为实现全面振兴新突破预期目标赋能聚力。

大力培育精品力作，推出 30 部优秀舞台艺术作品、10 部舞台艺术剧本、50 件优秀主题性美术作品。举办辽宁省第十二届艺术节，着力打造新年音乐会、新春民族音乐会、新春戏曲晚会等节日艺术活动品牌，创新开展公益惠民演出活动，每年不少于 1000 场。推动地方戏曲传承振兴，设立"辽宁省戏曲名家工作室"，重点扶持辽剧、海城喇叭戏、阜新蒙古剧、铁岭秧歌戏、凌源影调戏以及皮影戏、木偶戏等辽宁地方特色剧种。

推进现代公共文化服务体系建设，推动建设公共图书馆、文化馆、美术馆、博物馆、艺术演出场所达到 2000 个，努力构建"书香辽宁"新业态、主题功能空间、社区服务场景等城乡区域公共文化服务新格局。支持全省各地办好群众歌咏、广场舞、"村晚"等活动，拓展群众文化参与程度。常态化开展文化志愿者服务基层活动，培育全省基层文化团队达到 1 万个。广泛应用"订单式""菜单式""预约式"服务，有效提升基层公共文化设施利用率和服务效能。

推动文化和旅游深度融合，让"诗"和"远方"实现更好联结、共创美好生活。推进把更多文化内容、文化符号纳入旅游线路、融入景区景点，倾心打造古韵辽宁、山水辽宁、文脉辽宁、镇山辽宁等文化旅游品牌。打造"六地"红色旅游新高地，支持发展红色剧本秀场、旅游演艺、文创开发，持续开发红色自驾游、研学游新业态，让红色旅游成为人民群众最时尚的生活方式。

筑强"双引擎"
勠力新突破

解读人　沈阳市政府秘书长、市政府新闻发言人　曲向军

　　　　　大连市政府副市长、市政府秘书长、市政府新闻发言人　李大民

　　实施全面振兴新突破三年行动，实现全省发展目标，需要各地区各部门各单位的合力支撑。沈阳市、大连市发挥"跳高队"作用，在全面振兴新突破三年行动中当先锋、打头阵，全面提升发展能级，努力率先实现新突破。

■ 沈阳：锚定"12+1"赛道全速进发

　　按照全省三年行动方案确定的十个方面任务，沈阳市进一步细化明确"12+1"方面具体任务，力争到2025年，全市经济总量突破1万亿元，一般公共预算收入突破1000亿元，人口规模突破1000万，努力在打好打赢新时代"辽沈战役"中挑大梁担大任、当先锋作表率。

　　找准突破口，奋进新赛道。沈阳市加强项目建设，努力在提升城市发展能级上实现新突破。今年谋划实施重点项目3500个，开复工重点项目2500个以上；确保新签约、新落地亿元以上项目分别突破2000个、1000个；大力提振消费、释放活力，建设区域性国际消费中心城市；撬动社会资本扩大投资，激

发民间投资活力。

着力优化营商环境，在全面深化改革促进培育壮大市场主体上实现新突破，实施营商环境 6.0 版改革，开展"领导干部进企业、服务振兴新突破"专项行动，全市 1 万多名党员干部已与 2 万多户企业精准对接。

加快产业结构调整，在建设现代化产业体系上实现新突破，培育打造一批百亿企业、千亿产业、万亿集群，实施产业链提升、服务型制造发展、头部企业园区建设、制造业"数字赋能"和数字经济发展等工程。

强化科技教育人才支撑，在引育壮大新动能上实现新突破，推进实施科技型企业梯度培育、科技成果转化畅通工程，全年市级及以上创新平台达到 1500 家，科技型企业突破 2 万家，科技成果本地转化率超过 50%。

促进区域协同发展，在引领沈阳现代化都市圈建设上实现新突破，项目化、清单化实施规划共绘引领、交通共联畅通、产业共链协作等七大工程，推进各项合作框架协议落地见效。

完善通道平台，在推进高水平对外开放上实现新突破，全面拓展"空陆海网"开放通道，积极融入东北海陆大通道建设；强力推进自贸区制度创新，培育综保区"保税 +"服务业态；深化与"一带一路"沿线国家及 RCEP 国家合作，支持中德装备园扩容提质。

推进城乡融合发展，在高品质城乡建设上实现新突破，打造现代化生态化国际化大都市，实施城市更新"五大行动"等。

提高市域治理能力，在统筹发展和安全上实现新突破，深入践行"两邻"理念，开展"党派我来的"温暖行动，坚决遏制重特大安全事故发生。

推动绿色低碳发展，在生态文明建设上实现新突破，实施"碳达峰十大工程"，构建清洁低碳安全高效的现代能源体系，建设"无废城市"，厚植生态蓝绿本底。

优化法治环境、信用环境，在打造法治沈阳上实现新突破，实施建设更高水平的法治沈阳专项行动，推动制定数字经济促进条例等地方性法规，打造"诚信沈阳"。

实施"文化+"工程，在建设文化强市上实现新突破，争创全国文明典范城市，实施"百馆之城"行动，推进重点片区街区改造提升，打造6条核心产业链。

保障和改善民生，在增进民生福祉上实现新突破，认真办好民生实事，实施"舒心就业""幸福教育""健康沈阳""品质养老"等工程，今年城镇新增就业12.5万人。

同时，着力推动县域经济高质量发展，在全面推进乡村振兴上实现新突破，实施新一轮粮食产能提升行动，打造食品工业大市，实施县域开发区赶超计划。

一分部署、九分落实。针对"12+1"方面重点任务，沈阳市成立13个专项推进组，以超常规举措和"拼抢争实"的作风狠抓落实。市四大班子成员带头包保推进20项重大事项、17项重大改革、100项重大项目；全市各地区、各部门把责任细化到具体处室、科室和岗位，把任务深化到季度、月度，每项任务都项目化、清单化、工程化推进，做到千斤重担万人挑、人人肩上有指标；赛马竞进抓落实，"12+1"赛道按月通报、排名，晒成绩、赛贡献；激先敦后抓落实，单月到落后区县开督导会，双月到先进区县开观摩会，推动形成一级抓一级、层层抓落实的工作格局，确保干一件、成一件，奋力夺取三年行动首战告捷。

■ 大连：清单化、项目化、工程化狠抓落实

大连市将《辽宁全面振兴新突破三年行动方案》与已出台的大连"三年过

万亿"行动方案、新时代东北振兴"跳高队"方案有机融合、一体推进，清单化项目化工程化狠抓落实。

落实建设高质量辽宁沿海经济带部署要求，着力发挥好"一核引领"作用。

启动海洋强市建设三年行动，今年全市海洋经济总产值力争达到4200亿元。新增国家级海洋牧场示范区2万亩，推动通海型养殖工船、文旅与渔业融合示范项目建设。培育预制菜产业头部企业100家，全力建设"中国海鲜预制菜之都"。推进海洋生物制品、海洋生物药物和功能保健品等研发和成果转化。

推动沿海六市确定"六项协同机制"。引领产业、功能、交通、环境、新基建等紧密衔接。做强做大海洋经济、临港经济，实现优势互补、整体增效。加快英歌石科学城和辽宁滨海实验室、辽宁黄海实验室建设，推进科技创新前瞻布局和资源共享。深化大连、营口自贸片区联动，推动沿海港口一体化发展。探索构建辽宁沿海经济带基本公共服务平台，共同营造良好就业创业环境。建立统一规范的制度体系，提高政策制定统一性、规则一致性和执行协同性。

落实构建现代化产业体系部署要求，着力培育壮大优势产业集群。

加快制造业转型升级。今年全市规模以上工业企业数量力争达到2230家，规上工业增加值增长7.5%。加快推进大船易地开发改造，建设太平湾数字化智能造船基地。推进精细化工高质量发展，推进恒力260万吨/年聚酯、160万吨/年高性能树脂等重大项目。推动大石化易地升级改造，支持洁净能源、新材料、生命安全等战略性新兴产业发展，打造先进储能装备研制基地。

强力推动数字经济发展。全面推进5G基站、人工智能计算中心等建设，创建中国软件名城。推进SK海力士、优迅科技光电子器件等项目，超前布局新一代人工智能、元宇宙等未来产业。今年数字经济核心产业增加值占GDP比重达到9.5%。

提升现代服务业发展质效。出台支持总部经济发展政策，推动平台经济、楼宇经济、会展经济发展。促进文化创意、旅游休闲、生态康养等产业个性化、高端化发展，打造一批特色鲜明的文旅功能区。

加快都市现代农业发展。实施《大连市种业振兴行动方案》，推进省级以上现代农业产业园、农业现代化示范区建设，培育壮大农业产业化联合体和农业龙头企业15家以上。

落实打造对外开放新前沿部署要求，着力推进高水平开放合作。

打造新时代对外开放新前沿。高质量开展"一带一路"经贸合作，更大力度吸引和利用外资，争取实际利用外资总额居东北首位。培育壮大冷链物流分拨仓储、汽车平行进口等平台，加快推进国家进口贸易促进创新示范区、服务贸易创新发展试点建设。拓展RCEP（大连）国际商务区功能，吸引RCEP成员机构、企业进驻和区域总部聚集，打造东北地区企业对接RCEP示范窗口。

提升"三个中心"能级。提升东北亚国际航运中心地位，今年新开2条集装箱航线，集装箱吞吐量达到500万标箱。推进国际航运中心大厦建设，打造航运服务聚集区。提升东北亚国际物流中心功能，畅通东北海陆大通道，建设港口型国家物流枢纽。提升区域性金融中心辐射力，支持大商所加快研发上市再生钢铁原料、集装箱运力等期货品种。

构建高层次对外开放平台。打造自贸试验区"升级版"，围绕贸易投资便利化、"放管服"改革等形成一批制度创新成果。推进太平湾等自贸协同发展区建设，加快中日（大连）地方发展合作示范区建设。突出园区在振兴发展新突破中的主阵地、主战场作用，充分释放16个重点园区活力，加快建设金普新区、长兴岛、高新区"三区"，深度谋划太平湾、金州湾、大连湾"三湾"，做实做强新增长极。

大连市是我国北方重要的港口、工业、贸易、金融和旅游城市，东北对外开放的龙头和窗口

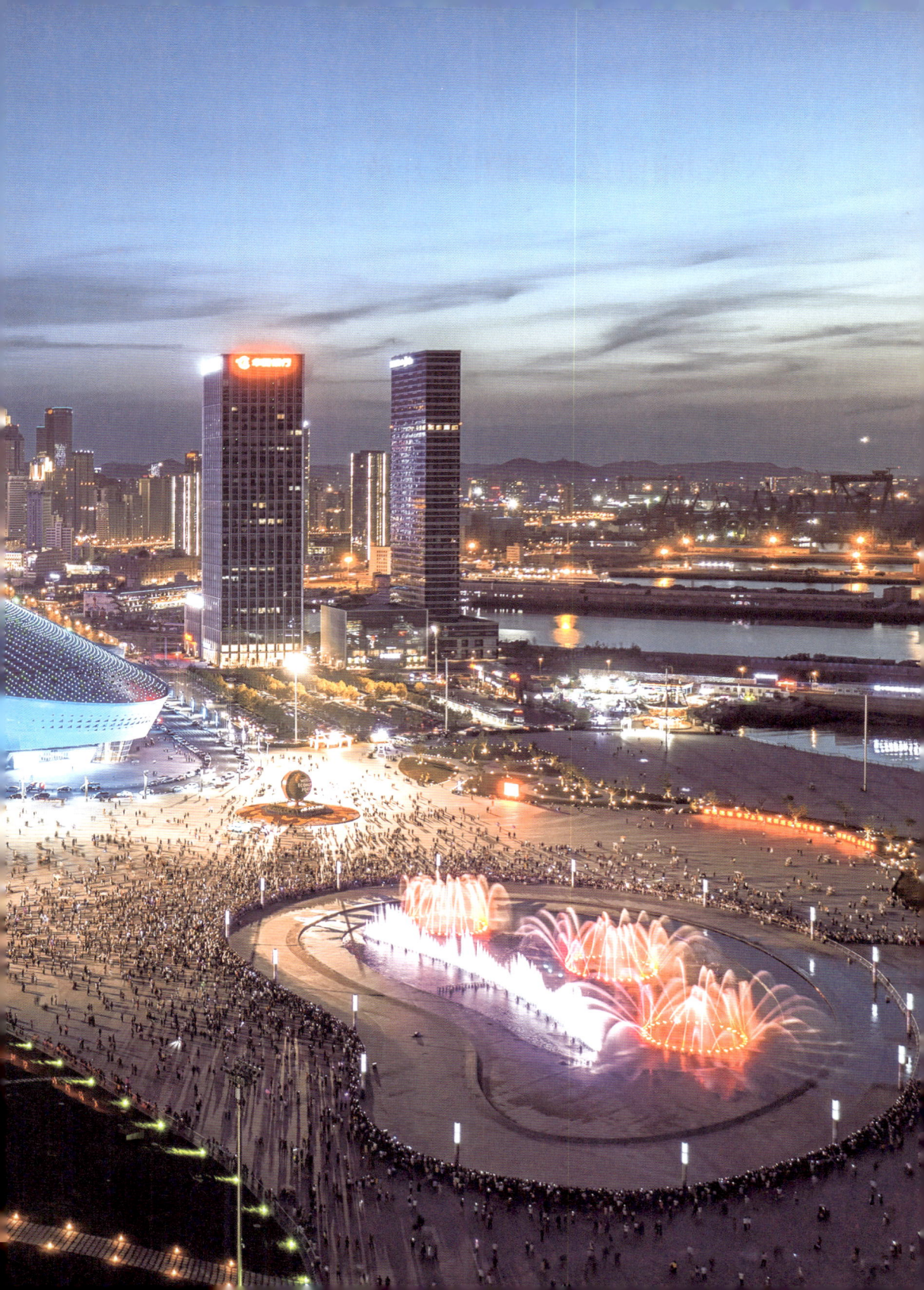

深入推进沿海经济带开发开放

解读人 丹东市委常委、副市长　刘永熙
　　　　　锦州市政府秘书长　门大为
　　　　　营口市委常委、副市长　孙　政
　　　　　盘锦市政府秘书长　王　冰

战略地位突出、资源禀赋优良，这是辽宁沿海经济带鲜明而突出的特点。作为东北地区唯一的沿海地带，辽宁沿海经济带不断构建起内外联动、互利共赢、安全高效的开放型经济体系，为实现辽宁全面振兴新突破带来新动能。

■ 丹东：加快推进"黄海翼"建设

今年地区生产总值增长 6% 以上，规模以上工业增加值增长 8%，一般公共预算收入增长 8%，固定资产投资增长 15%……丹东市明确了以上目标，并将在 10 个方面取得新突破。

推进经济增长，加快壮大整体实力。要加快扩大有效投资，紧盯"固定资产投资增长 15%，力争实现 20%"目标，接续推进 660 个项目建设。招商引资方面，聚焦京津冀、长三角等重点地区，围绕丹东农产品资源、特色产业、

▲ 丹东依璐服饰科技有限公司一期改扩建项目完工并投产，今年前两个月，公司完成产值超千万元，同比增长 225.73%

互市贸易等开展精准招商。加强与央企集团的对接。

调整产业结构，加快建设现代化产业体系。全面提升工业核心竞争力，持续提升园区支撑力，并加快发展数字经济，做大做强旅游业。

着力强化科教人才支撑，加快创新型城市建设。打造科技创新高地，加强基础性研究、核心技术攻关。同时打造人才聚集优质环境，构建人才安心、安身、安业的良好生态。

持续优化营商环境，加快深化重点领域改革。通过做大做强民营经济，加快推进央地合作，不断培育壮大经营主体，加快促进各类企业竞相发展。同时，通过统筹港产城融合发展，完善重点边境口岸基础设施等，完善通道平台，加快开放型城市建设。

发展现代农业方面，要坚决维护粮食安全，深入实施种业振兴行动，加快美丽宜居乡村建设，从而在加快推进乡村振兴上下功夫。

着力统筹协调发展，加快融入区域发展新格局。加快推进沿海经济带"黄海翼"建设，深化拓展与其他沿海城市物流、旅游、城乡建设等领域合作，并加快辽东绿色经济区建设，大力发展海洋经济。

在生态文明建设方面，要打好蓝天、碧水、净土保卫战，推动绿色低碳发展。持续改善民生福祉，通过提升城市形象品位，繁荣民生社会事业，维护边境地区安全稳定等，加快幸福宜居城市建设。

■ 锦州：综合经济实力努力迈入全省"第一方阵"

锦州部署了经济社会发展 11 个方面的新突破、52 项具体举措。通过大干三年，经济总量确保实现 1500 亿元，力争达到 1600 亿元，综合经济实力努力迈入全省"第一方阵"。

加强项目建设，提升城市发展能级。锦州要全力以赴扩大有效投资，激活民间投资，争取国家及省投资。建立项目"谋立推建"机制，策划包装一批具有时代感和引领性的项目群。同时，千方百计促进消费。综合施策提振出口，鼓励支持外贸企业参展进博会、辽洽会等，加强外贸企业与 RCEP 国家、"一带一路"沿线国家合作。

实施"存量倍增、增量拉动"行动，建设现代化产业体系。开展规模以上工业企业倍增行动，建设石化及精细化工一个千亿级产业集群。实施产业链提升工程，大力培育发展新材料、集成电路、信息技术、节能环保等战略性新兴产业，打造具有国际影响力的有机颜料产业集群和全国润滑油产业基地，加快推进宁德时代新负极材料一体化项目，打造全国新能源电池负极材料生产基地。

聚焦规模、结构、实力，扎实开展"经营主体年"活动。实施经营主体"量质双升"行动。从"个转企"、"小升规"、智能化改造、数字化转型等方面给予政策支持。壮大民营经济，破除市场准入壁垒，依法保护民营企业产权和企业家合法权益。实施央地合作提升行动，组织系列专项招商活动，吸引央企在锦设立区域性总部。

要高质量建设沿海经济带，构建高水平开放平台。强力推进招商引资，紧盯"建设东北陆海新通道、打造物流枢纽城市、融入京津冀协同发展"3个重大发展题材，紧盯战略性新兴产业和"6+1"产业链头部企业，紧盯京津冀、长三角、珠三角等重点地区，紧盯五百强企业、上市公司等，实施产业链招商、精准招商。

■ 营口：聚焦全域开发开放实现新突破

营口市明确1个总体目标、8个分项目标、8个方面新突破、50项重点任务及5项保障措施。

充分发挥投资、消费、外贸拉动作用，聚焦推动经济增长。营口市提出，要强力推进项目建设。建立重大工程、央地合作、中央资金和城建计划等重点

▼ 营口市鲅鱼圈山海广场

项目清单，全年计划开工亿元以上项目 330 个以上。推动消费加快恢复，发展假日经济、夜间经济、平台经济等，并支持刚性和改善性住房需求。稳定发展外资外贸，综合施策扩大进出口，加强与 RCEP 成员国经贸合作，大力发展跨境电商、海外仓等外贸新模式、新业态。

充分发挥"三次产业"支撑作用，聚焦建设现代化产业体系。开展企业"上云用数赋智"行动，实施企业技术改造项目 100 个。大力发展现代服务业。推动保税物流、国际贸易、现代商务、金融保险等服务业与先进制造业深度融合。全力推动乡村振兴。

充分释放体制机制改革红利，聚焦培育壮大经营主体。持续优化营商环境，加强法治环境、信用环境建设，构建亲清政商关系，畅通政府与企业家常态化沟通机制，深化国资国企改革，并促进民营经济发展壮大。

充分发挥科技、教育、人才引领作用，通过办好人民满意的教育、持续提升创新能力、加大人才引育力度等，聚焦塑造发展新动能。

充分发挥区域协同发展合力，聚焦全域开发开放实现新突破。通过完善港口基础设施和集疏运体系等，促进港产城深度融合。通过培育壮大县域主导产业等，大力发展县域经济。通过加快工业互联网数字产业园区建设等，做强开放载体平台。

同时，营口市还提出，要充分发挥城市文化铸魂作用，聚焦创建全国文明城市。通过稳就业、强保障、优生态，提高人民生活品质。通过防风险、保安全、护稳定，建设更高水平的平安营口。

■ 盘锦：打造石化及精细化工全产业链

通过深入研究谋划，反复推敲打磨，盘锦市制订形成了"1+5"三年行动系列方案。"1"是盘锦全面振兴新突破三年行动方案，"5"是工业增长、乡村振兴、打造石化及精细化工全产业链、生态文明建设、深化央地合作 5 个专项行动方案。

工业增长方面，盘锦市提出，要实现工业经济"质的有效提升"和"量的合理增长"。将坚持工业强市，狠抓项目投资，加快转型升级，做大做强生产性服务业，在产业布局、结构优化、数字化升级等方面取得新进展新突破。

乡村振兴方面，盘锦市将严守耕地保护红线，大力发展休闲农业、乡村旅游、民宿经济等特色产业，加快建设宜居宜业和美乡村，实现乡村产业、人才、文化、生态、组织"五个振兴"统筹推进。

打造石化及精细化工全产业链方面，盘锦已形成了乙烯、丙烯、碳四和芳烃四大化工全产业链布局，具备了年产 150 万吨乙烯、145 万吨丙烯、200 万吨芳烃的能力，规模以上石化及精细化工企业营业收入占全省 22%，成为全省石化及精细化工产业的"两极"之一。盘锦市将坚定不移走"绿色低碳 + 精细化工"发展路线，在"减油增化""减油增特"上狠下功夫，进一步筑牢炼化一体化及基础化工、精细化工和润滑油产业根基，培育壮大"大化工 + 精细化工"产业集群。

生态文明建设上，盘锦市将以协同创建辽河口国家公园为牵动，做好湿地生态保护修复，稳步推进碳达峰、碳中和，深入打好污染防治攻坚战，积极创建全域国家生态文明建设示范区。

深化央地合作上，盘锦市将充分发挥好辽河油田、兵器华锦、中储粮、华润电力等央企作用，大力实施"央企 +"行动，深化央地融合发展，在产业发展、城市建设、科技创新、国企改革等领域与央企开展更多务实合作。

沈阳现代化都市圈
"一体化"格局加快形成

解读人　鞍山市政府秘书长　刘广新

抚顺市政府党组成员、秘书长　张文献

本溪市政府秘书长　范大明

辽阳市政府党组成员、秘书长　王　东

沈抚示范区管委会副主任　赵家鹏

作为"一圈一带两区"的核心板块，近两年，沈阳现代化都市圈七市一区按照省委、省政府要求部署，充分发挥城市组团集聚辐射、产业协同和同城化效应，着力建设国家新型工业化示范区，打造东北振兴发展重要增长极，"一圈"建设不断提质增效，一体化发展格局加快形成。

■ 鞍山：把工业作为振兴发展的主战场

为实现全面振兴新突破三年行动首战告捷，鞍山市出台三年行动实施方案和 2023 年度工作方案，确定了总体目标、10 个方面新突破、49 项重点任务及 5 项保障措施。

作为东北地区最大的钢铁工业城市，鞍山高度重视工业经济发展，坚持把

▲ 鞍山钢铁集团有限公司是中国首批"创新型企业"，
是中国首家具有成套技术输出能力的钢铁企业

工业作为振兴发展的主战场，聚焦建设现代化产业体系，建设国家综合性钢铁产业基地、世界级菱镁产业基地、东北地区重要的装备制造业基地等3个基地，实现4000亿元工业总产值，打造钢铁及深加工、铁矿、菱镁、装备制造等八大产业集群，着力推动鞍山从工业大市向工业强市转变，奋力实现鞍山工业振兴新突破首战告捷。

同时，鞍山在全市开展项目建设攻坚行动，树立大抓项目鲜明导向。构建"1+3+16+10"项目推进机制，分三类推动社会投资类、工业"四改"类、城建类项目，条抓块保、条块结合，分级分类开展调度，压实各方责任，及时解决突出问题，确保项目建设提质提效增速。聚焦项目"谋立推建"关键环节，有效破解要素瓶颈制约，瞄准难点堵点加强政策服务，着力提升业务水平，推进项目投资增数量、壮体量、上速度。

■ 抚顺：做好"融入"和"结合"

未来三年，抚顺市将聚焦省"一圈一带两区"区域发展战略，把握沈阳现代化都市圈加快建设的重大机遇，在"融入"和"结合"上下功夫，重点抓好五方面工作。

着力做好规划编制工作。协同沈阳市编制实施《沈抚同城化三年行动计划（2023—2025）》，推动沈阳、抚顺、沈抚示范区加快同城化步伐。

持续加强基础设施建设。加快推进沈白高铁（抚顺段）、沈白高铁配套、抚顺环城公路等项目建设；加快能源水利基础设施建设，推动清原抽水蓄能电站一期和二期项目建设，推动大伙房水库饮用水水源地综合治理工程和周边农村生活污水治理项目建设。

加快构建完整产业链条。推进装备制造、新材料、文化旅游、现代农业、现代服务业等产业协作共链，发挥抚顺石化、冶金等产业优势，提升都市圈产业协作配套能力。

强化科技支撑引领作用。积极搭建创新平台，依托沈阳和沈抚示范区技术创新平台集聚优势，加强沈抚科创资源整合与共享共用。协同推动科技成果转化，共建共享技术研发平台和人才培养基地。

打造良好生态环境。推动西露天矿综合治理与整合利用项目加快前期工作，全力以赴做好矿山复绿工作。对标碳达峰、碳中和目标要求，持续降低周边大气和固体废弃物等污染防治任务。

▲ 本溪市是辽宁省内主要的钢铁、化工产业基地，还是东北地区乃至全国森林覆盖率最高的城市之一

■ **本溪：提出"1、3、6"具体目标**

聚焦打好打赢新时代东北振兴、辽宁振兴的"辽沈战役"，本溪市以深入开展"六个年"活动为重要抓手，充分用好"三类资源"，持续优化"四个生态"，坚定实施"四大战略"，加快建设"五个本溪"，研究制定了三年行动实施方案。

据介绍，在重要任务和目标上，本溪市提出要实现"1个总体跃升"，即地区生产总值跨入千亿行列。要实现"3个重点突破"，即着力在产业振兴方面实施生物医药、装备制造、数字产业化、绿色建材、食品工业等9项倍增计划，在创新驱动方面实施高新区发展、创新技术攻关、科技型中小企业培育和创新型中小企业 4 项倍增计划，在绿色发展方面实施清洁能源发展和旅游业 2 项倍增计划。

本溪市还明确要做到"6 个提档进位"，即：开展"招商引资竞赛年"活动，引进国内实际到位资金年均增长 10%；开展"项目建设落实年"活动，推进桓仁大雅河等重大项目建设，力争固定资产投资增速高于全省水平；开展"实体经济服务年"活动，促进规上工业增加值年均增长 7%；开展"营商环境提升年"活动，营商便利度达到全省前列；开展"重点改革突破年"活动，着力破除体制机制障碍；开展"人才兴市推进年"活动，引才聚智，促进振兴。

■ 辽阳：与各市加强谋划合作

今年是实施全面振兴新突破的首战之年，辽阳市将与各市进一步加强谋划合作，力求结出更多硕果，取得更大突破。

沈阳方向，辽阳市将全力为其提供充足、优质的粮食和重要农产品供应，并积极承接沈阳产业向辽阳转移。鞍山方向，充分发挥辽阳的铝、钢铁、铜、菱镁等产业优势，与其共同打造跨市钢铁产业集群和菱镁新材料产业基地。本溪方向，将重点建设太子河百里公园，与本溪市做好景致衔接，共同打造都市圈"后花园"。

具体来讲，在基础设施建设方面，加快实施沈营线辽阳线绕城公路工程（南外环）建设，进一步加大路网新项目谋划力度，畅通都市圈相互联通。在文旅合作方面，依托国家历史文化名城，与各市共同挖掘"满韵清风"文化底蕴，共建国内知名文化旅游目的地。生态环保方面，共同开展大气污染联防联控，实施辽河流域（浑太水系）生态治理，与沈阳、鞍山、本溪等市开展太子河流域综合治理，共同守护好生态环境。

■ 沈抚示范区：向营商环境全国前列迈进

沈抚示范区将营商环境建设摆在突出位置，提出通过三年奋斗，对标市场化、法治化、国际化营商环境标准，实现市场环境更加公平有序、政务环境更加高效便利、法治环境更加规范公正、人文环境更加诚信开放，营商环境位居全国前列。

今年，沈抚示范区将重点打好"五大攻坚战"，以实际行动、优异成绩擦亮"国家级改革创新示范区"名片。一是打好主导产业发展的"攻坚战"。聚焦产业通路，优化产业生态，强化项目支撑，加快构建主导产业明晰、高质量项目集聚的产业集群。二是打好创新驱动发展的"攻坚战"。立足"做大创新主体、做精创新平台、做优创新环境"，搭建创新平台、转化平台和创新联合体。三是打好营商环境建设的"攻坚战"。以思想大解放带动改革突破、制度创新和力量凝聚，在全省形成示范引领效应。四是打好深化开放合作的"攻坚战"。优化招商工作体制机制，谋划、储备、实施一批高质量项目群。五是打好核心区建设的"攻坚战"。坚持"先进产业＋核心城区"融合协同建设，加快建设一批高品质公共服务和现代服务业项目。

全力推动辽西、辽北地区
高质量发展

解读人 阜新市政府秘书长　　张　晖
　　　　　铁岭市政府秘书长　　袁振友
　　　　　朝阳市政府秘书长　　曹治纲
　　　　　葫芦岛市政府副秘书长　周佳楷

　　一花独放不是春，万紫千红春满园。实施全面振兴新突破三年行动，各市要发挥特色，明晰定位，协同发力，共促目标实现。

■ 阜新：开展能源革命，打造"双示范"

　　为确保实现全面振兴新突破三年行动首战告捷，阜新市制定行动方案，聚焦创建"全国资源型城市经济转型示范市""全国能源综合创新示范市"等奋斗目标，明确积极扩大有效需求，推动经济平稳快速增长；精准发力招强引优，不断提升招商引资质效；深入实施工业强市战略，积极构建现代化产业体系；着力发展新能源产业，全面做好新能源示范市创建等 12 个方面新突破、58 项重点任务。

　　今年，阜新市总体目标为：地区生产总值增长 6% 以上，规上工业增加值增长 7% 以上，固定资产投资增长 15% 以上，一般公共预算收入增长 8% 左右等。

如何打造"双示范"城市？阜新市提出，要开展能源革命，把以煤炭为主的"传统黑色能源"城市升级为以清洁能源为主的"新型绿色能源"城市，稳步实施"源网荷储一体化"零碳产业园、"光伏+"治沙等一系列重大能源项目，预计到 2025 年末全市新能源装机容量突破 1000 万千瓦，新能源产业升级为百亿级产业。在转型振兴过程中，将着力打造"世界玛瑙之都""国际赛道城""中国温泉城""中国篮球城""辽西智能城"5 张城市名片，大幅提升阜新的知名度、美誉度。通过实施零碳项目、构建零碳产业、打造零碳园区，到 2035 年，阜新将全面完成转型任务，实现高质量发展，由传统能源大市蝶变为绿色能源强市，由传统农业大市转变为现代农业强市，碳达峰、碳中和走在全省前列，建成全国资源型城市转型示范市。

■ 铁岭：把农业强市建设作为三年行动的"首选项"

地区生产总值增长 6% 左右，固定资产投资增长 10% 以上，规模以上工业增加值增长 8% 以上，一般公共预算收入增长 7%……今年，铁岭市锚定以上目标，将努力在经济增长、现代化产业体系建设、培育发展新动能、区域协调发展等七方面实现新突破。

作为农业大市，农业资源丰富是铁岭发展的最大优势所在。当前，铁岭市将把农业强市建设作为实施全面振兴新突破三年行动的"首选项"，把发展农产品精深加工业作为"必答题"，坚持以工业理念谋划农业，推动三次产业融合发展，培育振兴发展新动能。

铁岭市明确，要坚决扛起国家粮食安全政治责任，落实好国家新一轮千亿斤粮食产能提升行动，全力抓好高标准农田建设、保护性耕作和黑土地保护利

▲ 铁岭市全域创建国家级农业现代化示范区，在农业强省战略中当排头、打头阵

用"三项工程"，确保粮食作物播种面积不低于 740 万亩，粮食产能稳定在 80 亿斤。聚焦农产品精深加工业，在已形成粮油、畜禽两大主导产业和玉米、水稻、生猪、牛肉、肉鸡等 10 个产业链基础上，立足现代化大农业、大食品发展方向，对大国企、大央企和行业领军企业集中攻坚、敲门招商，积极引进一批休闲食品、方便食品和功能性食品生产项目，重点培育玉米精深加工和生猪全产业链。在推动农村三次产业融合发展上，要依托铁岭榛子、开原大米、昌图花生、西丰梅花鹿等优势特色农产品，促进优质农产品集聚集成，叫响区域

公用品牌。同时利用好铁岭现有网红资源，推动重点电商产品品牌化，逐步完善农业产业链、供应链、价值链。

■ 朝阳：打造国家松辽清洁能源基地千万千瓦级大节点

开局关系全局，起势决定胜势。聚焦地区生产总值突破 1080 亿元、工业总产值突破 1000 亿元、动态谋划储备项目突破 1200 个、固定资产投资突破 500 亿元、招商引资到位资金突破 370 亿元等八个突破，朝阳市将重点做好招商引资和项目建设、融入京津冀协同发展战略先导区建设、改革开放和科技创新、营商环境建设等七方面工作。

值得一提的是，作为国家规划的松辽清洁能源基地重要节点城市，朝阳市先后出台《关于深入推进朝阳市清洁能源基地建设的实施意见》《朝阳市清洁能源基地建设行动方案》，未来几年，将加快发展清洁能源产业，全力打造国家松辽清洁能源基地千万千瓦级大节点。计划到 2025 年，清洁能源装机容量达到 1100 万千瓦，清洁能源装备主营业务收入达到 150 亿元。

锚定这一目标，朝阳市将统筹做好全市能源发展规划、可再生能源基地规划、电网规划、储能规划、氢能规划等编制工作，确保清洁能源产业基地建设有章可循、有的放矢。抓好项目建设，全力推动华润 1000 兆瓦风电、龙王庙和燕山湖 2 个抽水蓄能电站、金风科技风电产业园、500 千伏川州变二期等一批重大能源项目、储能项目、制造业项目、输送项目早开工、早竣工、早见效。抓住国家和省支持朝阳发展清洁能源产业的契机，加大向上争取力度，力争获得更多政策、项目和资金支持。大力推动绿电消纳产业应用，努力构建清洁低碳、安全高效的绿色能源体系。做好服务保障，切实解决清洁能源项目建设的堵点、瓶颈，推动全市清洁能源产业发展实现新突破。

▲ 2023 年 3 月 15 日，葫芦岛市南票区金星镇东新村村民正在用土豆种植机种土豆。
这种土豆种植机涵盖了施肥、播种、滴灌、覆膜全过程，一台土豆种植机每天可以
种植近 20 亩，大大提高了种植效率

■ 葫芦岛：做辽宁融入京津冀协同发展的"桥头堡"

"到 2025 年全市经济总量力争突破 1100 亿元，全部指标要超过全省平均水平，重点领域要实现更大突破。"《葫芦岛全面振兴新突破三年行动方案》明确提出这一目标。

为确保实现三年行动首战告捷，葫芦岛还提出今年地区生产总值增长 6%、一般公共预算收入增长 6%、规上工业增加值增长 6%、固定资产投资增长 15% 等目标。

地处东北与华北的节点位置，被誉为"关外第一市""北京后花园"的葫

芦岛将从哪些方面发力，融入京津冀协同发展战略？这一问题颇受关注。

　　未来几年，葫芦岛市将继续加强与京津冀地区通道、产业、平台、市场和生态融合对接，全力打造京津冀科研成果产业化基地、面向京津冀的旅游休闲目的地、面向京津冀的绿色农产品供应地、面向京津冀的清洁能源基地"四个基地"，力争到2025年，成为辽宁融入京津冀协同发展的"桥头堡"。

　　对此，葫芦岛市将坚持招商引资与招才引智并重，依托辽宁（东戴河）"带土移植"转化中心，推进特色中试基地建设，深入实施"兴葫英才计划"、科技引领创新工程和"引博"工程，推动研发平台和实质性产学研联盟建设，实现科技成果转化和试验示范推广；围绕京津冀地区游客特点和康养旅游新热点，进一步培育壮大京津冀旅游客户群；大力发展"两水一特"产业，提升水果、蔬菜、水产等优势农产品品质，当好"首都菜篮子"；加快兴城抽水蓄能电站、大唐风电、辽能光伏发电等重点项目建设，为京津冀地区提供更加安全稳定的能源供应。

寒意渐去，春日徐来。在这个孕育着生机与希望的季节，辽沈大地风劲潮涌战正酣！

2023年，是全面贯彻落实党的二十大精神的开局之年，是实施全面振兴新突破三年行动的首战之年。开年以来，辽宁人以"开年即决战"的紧迫感、"起步即冲刺"的精气神，为夺取开门红踏实干、全力拼、大胆闯，在各自岗位上如脱兔般奋跃而上、飞速奔跑。

全面振兴新突破三年行动的提出，在全省上下形成了高度共识，外界对辽宁的预期持续向好，干部群众干事创业的热情空前高涨，辽宁振兴发展焕发出新生机，呈现出新局面。

战场

第四篇

实现全面振兴新突破，

重在实干，要在执行，贵在落实

重大项目，开工！

草木吐蕊，春意渐浓。

迎着三月暖阳，一颗颗孕育着希望的"种子"播撒在辽沈大地——

3月20日，2023年辽宁省一季度重点项目集中开工动员大会在辽宁省14市及沈抚示范区同步举行。

在现场人们的欢呼声中，在推土机的轰鸣声中，覆盖全省14市及沈抚示范区，超4700亿元投资额的1816个新项目集中开工。

这是辽宁全面落实党的二十大和全国两会精神的具体行动，是深入贯彻习近平总书记关于东北、辽宁振兴发展的重要讲话和指示批示精神的具体实践。

这彰显了全省上下扎实推进全面振兴新突破三年行动，以超常规举措打好打赢新时代东北振兴、辽宁振兴"辽沈战役"的坚定决心和精神风貌。

这奏响了赶考新征程上抓投资、扩内需、优结构、求突破的最强音。

■ 吹响项目建设"集结号"

集中开工的新项目包含装备制造、冶金新材料、精细化工、高新技术等多个产业，囊括交通、水利、能源等多种基础设施，涉及生态环保、教育医疗等多个领域。其中亿元以上项目703个，10亿元以上项目78个，100亿元以上

重大项目 8 个。

这些项目的开工建设，为辽宁实现全年投资目标奠定坚实基础，为辽宁实现全面振兴新突破三年行动首战告捷积蓄力量，吹响了全省项目建设的"集结号"。

在沈阳主会场，填补沈阳新能源动力电池产业空白的亿纬锂能储能与动力电池项目掘土奠基。"亿纬锂能非常高兴加入沈阳的'4+1'新能源产业发展体系，助力沈阳打造东北地区新能源产业基地，希望我们可以一起在新能源赛道奋发有为！"惠州亿纬锂能股份有限公司总裁刘建华说。

在大连分会场，大连市发挥头部企业引领带动作用的代表性项目——奇瑞汽车零部件配套产业园正式开工建设。"奇瑞汽车深耕大连，从未离开。我们对辽宁、大连开放向上的营商环境和投资氛围表示

▼ 3月20日上午，2023年辽宁省一季度重点项目集中开工动员大会在主会场沈阳亿纬锂能储能与动力电池项目工程现场召开

由衷赞许。辽宁省委、省政府及大连市委、市政府坚定不移抓产业、抓经济发展的决心，让企业更加坚定了在这里大力发展的信心。"奇瑞汽车股份有限公司执行副总经理李立忠深情致谢。

会场上，各市的回应"诚意值"满满——

"以立体化保障、精细化服务，推动项目早开工、快建设、早投产、早达效。"

"用最大诚意、最优服务、最快节奏、最高效率，竭诚为项目建设和企业发展创造最好的环境。"

会场上，还有许多企业前来寻求发展良机。

深圳市赢合科技股份有限公司是一家专为新能源领域提供整套智能化装备的企业，此次参会，总裁何爱彬收获不小。"对于做智能装备的企业来说，沈阳在产业配套和人才技术方面的优势十分明显。近些年，沈阳也十分注重新能源项目建设，如果有机会我们也愿意参与其中。"何爱彬表示。

今天的项目就是明天的产出。以集中开工为起点，辽宁蓄势待发。

■ 按下项目建设"快进键"

"2023 年固定资产投资增长 10%；2025 年如期实现固定资产投资突破万亿元。"在日前召开的"实施全面振兴新突破三年行动"主题系列新闻发布会上，省发展改革委相关负责人介绍辽宁省三年行动投资工作主要目标。

把蓝图变成实景，重点在落实，关键靠行动。

"今年，我们将重点推进华晨宝马全新动力电池、亿纬锂能储能与动力电池等 10 个百亿元重大项目落地建设，并在项目审批、要素保障等方面加大服务力度，促进项目建设提档加速。"主会场上，沈阳经济技术开发区项目服务中心主任张少红说。

"大连将持续优化服务，抢抓进度，推动签约项目快落地，落地项目快开工，开工项目快投产。"

各分会场的承诺掷地有声。

扩大固定资产投资，不仅需要各地积极作为，顶层设计也尤为重要。

为确保 2023 年固定资产投资增长目标顺利实现，辽宁省建立全省年度建设项目库、若干重大工程项目清单、央地合作重点项目清单、亿元以上项目清单和中央资金项目清单，巩固投资基本盘。

从入库项目看，全省 2023 年度计划实施项目超 1.3 万个，总投资超 5 万亿元，年度计划投资超 8000 亿元，项目总体入库情况好于往年同期水平，在库的年度投资可对全年投资预期目标形成较强支撑。

"四个项目清单"里，若干重大工程项目清单精选 300 个重点项目，总投资 1.36 万亿元，年度投资近 2000 亿元；央地合作重点项目清单包含 100 个合作项目，总投资超 1 万亿元；亿元以上项目清单计划实施项目 6000 个，年度投资 6118 亿元。同时，辽宁省还积极谋划申报项目，持续加强沟通争取，依据中央资金下达进度，滚动建立中央资金项目清单，推动中央资金早投入、早开工、早发挥效益。

一系列政策措施实施效果初显。1 月至 2 月，辽宁省固定资产投资同比增长 5.1%。其中，建设项目投资增长 16.2%。

■ 当好项目建设"服务员"

项目开工只是开端，建成投产才是关键。这期间，用心用情做好服务是全省上下应尽之责。

为确保"四个项目清单"相关项目顺利推进，辽宁省建立健全省市分级分

类调度推进机制，多措并举强化服务，通过加强重点项目要素保障、加大项目投融资支持力度等，为项目落地实施创造良好环境和稳定预期。

在加强重点项目要素保障方面，辽宁省给予省级重点项目全流程服务保障和要素供给政策倾斜，优先配置建设用地和能耗指标，开通绿色审批通道，在项目建设阶段提高水、电、气、路等相关配套设施保障水平。同时，还开展项目现场服务、现场办公，对需要深入研究的问题建立纾解台账，及时分解交办有关部门，通过实行省级推进解决直通车机制，确保问题得到及时有效解决。

顶层设计最终需落地实践。

"丹东市将以一流状态抓项目、一流速度建项目、一流服务促项目，严格落实领导包抓、专班推进、专员服务等推进机制，抢抓项目建设的'黄金期'，尽快把'规划图'变成'施工图'、把'时间表'变成'计程表'。"

"辽阳市坚持项目工地就是阵地、现场就是考场、进度就是尺度，一切围着项目转，紧紧盯着项目干；坚持一线办公、一线协调、一线督导，当好'店小二'，做好'服务员'。"

借着动员大会契机，辽宁省各地争相自荐，争取吸引更多投资目光。

"多年前，我曾到辽宁考察，留下深刻印象。在我看来，辽宁工业基础雄厚、产业生态完备、营商环境不断改善，我们十分愿意到这里投资兴业。"会议结束之际，深圳市科达利实业股份有限公司总经理励建炬表达了明确的合作意愿，在他眼中，辽宁的振兴故事正在上演……

左上／ 3月20日上午，在2023年一季度辽宁省重大项目集中开工动员大会举办后，盘锦市随即在盘锦辽滨沿海经济技术开发区举办了2023年一季度盘锦重点项目集中开工动员大会

左下／ 总投资1.3亿元的丹东瑞银科技有限公司，双系统超安全平板电脑研发生产基地的项目现场，桩机轰鸣，车辆穿梭，工人们全力投入到基础施工中

辽宁省 2023 年一季度集中开工重点项目概览

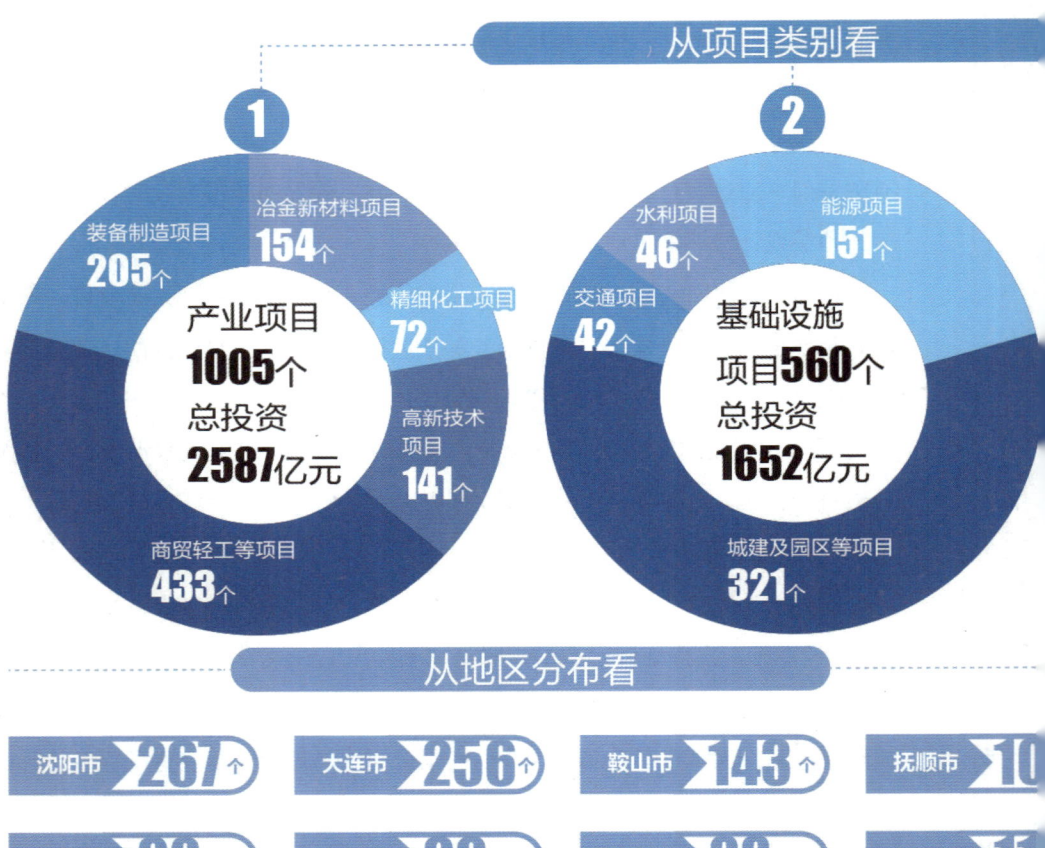

从项目类别看

1

装备制造项目 **205**个
冶金新材料项目 **154**个
精细化工项目 **72**个
高新技术项目 **141**个
商贸轻工等项目 **433**个

产业项目 **1005**个 总投资 **2587**亿元

2

水利项目 **46**个
能源项目 **151**个
交通项目 **42**个
城建及园区等项目 **321**个

基础设施项目 **560**个 总投资 **1652**亿元

从地区分布看

沈阳市 **267**个　　大连市 **256**个　　鞍山市 **143**个　　抚顺市 **10**

阜新市 **90**个　　辽阳市 **96**个　　铁岭市 **88**个　　朝阳市 **11**

除上述新开工项目外，全省今年以来相继复工的续建项目数量约 **5000** 个，复工项目数量和投资进度也好于往年同期水平

开工新项目共 **1816**个

4700亿元
总投资超过

从投资规模看

亿元以上项目
703个

总投资
4422亿元

10亿元以上
项目**78**个

总投资
2957亿元

100亿元以上
重大项目**8**个

总投资
1655亿元

③

生态环保、
教育医疗等项目
251个
总投资
514亿元

溪市 **90**个

丹东市 **97**个

锦州市 **139**个

营口市 **138**个

帛市 **85**个

葫芦岛市 **83**个

沈抚示范区 **25**个

央地携手向未来

三月惊蛰始，风吹万物生。瞰辽沈大地，一批央地合作重大项目正在如火如荼进行。

春风里，航空动力足。由航空集团与某央企沈阳航空主机厂联手打造的沈阳航空动力产业园正在加紧施工，今年年底，这座投资产值"双百亿"园区将正式投入使用，助推辽宁航空产业飞得更高。

春风里，"谷"中长大"数"。依托中国电信投资建设的天翼云数字基础设施，"大连数谷"将在数字政务、企业上云、数字工业等方面实现新的跨越，进一步打造中国产业数字化转型升级示范区。

春风里，"风车"转不停。在国家电投东北公司投资建设的锦州黑山风电项目现场，一台台风力发电机随风而动，实现日均发电量翻番。

央地合作发展动力强劲。长期以来，中央企业在辽宁经济社会发展中扮演着非常重要的角色。在辽宁实施全面振兴新突破三年行动开局起步的关键时刻，深化与央企合作，既是确保三年行动首战告捷、大获全胜的重要举措，也是优化产业结构、提升产业层次、扩大产业规模、引育发展壮大新动能的"关键一招"。

习近平总书记在参加十四届全国人大一次会议江苏代表团审议时强调，高质量发展是全面建设社会主义现代化国家的首要任务。辽宁省将深化央地合作

上／ 由国家电投东北公司投资，在锦州市黑山县建设的 90 万千瓦风电基地项目，一期 40
万千瓦风电项目共完成 66 台风机吊装，目前正集中力量推进项目后续工程建设和并网
发电各项工作任务，力争一季度实现一期工程全容量并网。图为项目升压站及风机

下／ 与中国电信、中国中铁合作的大连数谷园区综合开发建设项目

155

制造一流的产品 树立一流品质意i

Make first class products, set up first class quality awarene

奋斗创造历史 实干成就未

航空工业沈阳沈飞国际商用飞机有限公司制造的空客飞机结构产品

作为推动辽宁高质量发展的重要举措，通过举办座谈会等方式与中央企业对接交流、深化合作，成功签约一批央地合作项目。

下一步，辽宁省将聚焦全国重大战略规划，结合辽宁全面振兴新突破三年行动，与重点央企密切配合，深度谋划提出一批具有战略性、全局性、系统性的合作项目，助力辽宁实现高质量发展，在新时代东北振兴上展现更大担当和作为。

辽宁与央企一批批合作项目顺利签约，一颗颗代表收获的"种子"在春天里徐徐落下，生根发芽……

■ 双向奔赴

3月1日，北京，辽宁省与央企深化合作座谈会成功举行。

现场，辽宁省政府与航天科工、航空工业集团、中国航发、中国中化、中粮集团、中国节能、中国化学工程、中国中车集团8家央企签署了战略合作协议，沈阳、大连等相关地方政府、企业与部分央企集团或子企业完成项目签约25个，项目计划投资总额3732亿元，其中，央企计划投资总额超过2900亿元。

与央企合作对辽宁来说并非新鲜事。新中国成立后，央企就始终与辽宁血脉相连、同呼吸共命运，共同为新中国建设独立完整的工业体系和国民经济体系做出历史性贡献。至今，中央企业在辽宁共有各级企业1758户，资产总额3.26万亿元，年度累计营业收入1.82万亿元。在建、拟开工、洽谈和推介的央地合作重点项目500余个，总投资超2万亿元。

"央企是践行国家意志、服务国家战略、履行社会责任的国家队和主力军。推动辽宁振兴发展，是央地落实国家战略的共同政治责任，是续写合作新篇、实现融合发展的重大历史机遇，进一步深化辽宁与央企合作意义十分重要、前

▲ 沈阳机床技术改造和制造能力升级项目是沈阳市政府与中国通用技术集团央地合作的重要项目之一。自启动以来，在技术改造中，沈阳机床突出问题导向，从基础和源头上提升工艺能力和制造质量、效率。图为通用技术沈阳机床技改现场

景十分广阔。"座谈会上，辽宁省主要负责人分析研判。

事实的确如此。辽宁是我国重要的工业和农业基地，拥有一批关系国民经济命脉和国家安全的战略性产业，资源、科教、人才、基础设施等支撑能力较强，对维护国家"五大安全"具有重要的战略意义。央企参与、支持、融入辽宁振兴发展的过程，就是同辽宁一道主动对接和服务国家战略的过程，也是同辽宁共促振兴发展、共享振兴成果的过程。近年来，辽宁稳增长的基础进一步巩固，外界对辽宁的预期持续向好，辽宁已经走出了多年来最困难时期，全面

▲ 在辽宁三三工业有限公司的生产车间里，工人正在加紧为客户生产盾构机

振兴蓄势待发，有更大的底气和信心、更坚实的基础和条件加快实现全面振兴新突破。此时加深央地合作，推动项目落地，是一场双向奔赴的共赢之"约"。

■ 前景可期

辽宁要如期完成"十四五"规划目标任务，既需要全省上下自力更生、拼搏奋斗，也需要中央企业的全程参与、全力支持。

座谈会上，辽宁的表态彰显诚意——

"辽宁将坚决落实'讲诚信、懂规矩、守纪律'要求，持续转变工作作风、净化政治生态，为企业在辽高质量发展营造良好环境，以优质高效贴心的服务，让企业在辽宁感受到家的温暖。""我们将一如既往全力支持央企在辽发展，用心用情做好服务保障，大力推进法治政府、诚信政府、数字政府建设，着力打造优质高效的政务环境、守信践诺的信用环境、良好的金融生态环境、公平公正的法治环境，努力实现央地共赢发展。"

企业家的意愿振奋人心——

"辽宁发展服务业有机遇、有潜力、有支撑。作为一家以检验检测、认证、标准、计量等综合质量服务为主业的中央企业，中国中检将在优化营商环境、产业结构调整、区域协调发展等方面发挥质量技术服务产品作用，助力辽宁建设质量强省。"中国检验认证（集团）有限公司董事长许增德说。未来，中国中检还将把东北区域总部落地辽宁，参与打造辽宁检验检测等新兴产业。

"国药集团在辽宁的产业布局涵盖医药研发生产、医养康养等方面，目前产值可达230亿元。接下来，我们将尽快组织团队赴辽考察，在原有合作基础上，进一步加大投资力度，延伸产业链条，助力辽宁经济高质量发展。"中国医药集团有限公司董事长刘敬桢表示。

"我们在大连和营口开工建设陆上风电项目，投资额达到120亿元。未来三年还计划投资1000亿元左右，为辽宁实现全面振兴新突破贡献力量。"中国华能集团东北分公司总经理顾可伟说。

一句句话语铿锵有力，一次次握手传递信心。"种子"已经在春天的土壤里发芽，果实必将不负期待。

2023年 辽宁省央地合作座谈会
现场签约 25 个项目

签约项目计划投资总额 **3732** 亿元
央企计划投资总额超过 **2900** 亿元

沈阳市 6 个

1. 航空工业沈阳航空航天城项目
2. 华润沈阳东贸库历史文化街区及配套能源设施搬迁改造提升项目
3. 中铁投资沈阳浑南王家湾滨水板块产业综合开发建设项目
4. 中电建沈阳市汽车智慧示范片区及配套设施项目
5. 辽宁省集成电路装备示范园区开发建设及中能建数科沈阳清洁能源与智慧城市项目
6. 中国机械总院集团沈阳铸造研究所精密铸造特色工业园项目

大连市 5 个

7. 中国电信中国中铁大连数谷园区综合开发建设项目
8. 中铁大连金普新区南部现代时尚新城区建设项目
9. 招商局集团大连太平湾高端装备制造及新能源产业基地项目
10. 中国绿发大连高端酒店集群项目
11. 中车大连机车厂科研创新中心建设及工业遗址改造项目

鞍山市 2 个

12. 鞍钢集团鞍山东部矿区采选联合产能提升项目
13. 鞍钢集团鞍山新能源汽车用电工钢生产项目

本溪市 2个

14 国家电网辽宁本溪大雅河抽水蓄能电站项目

15 华润集团本溪国家中成药技术创新中心和产业化基地建设项目

丹东市 1个

16 中交丹东凤城市城市更新改造建设项目

锦州市 2个

17 兵器工业集团中国锦州北方能源基地项目

18 国机工程集团国家超级计算无锡中心锦州分中心建设项目

营口市 1个

19 中国华能中国电建营口市海上风电项目

阜新市 1个

20 华润集团阜新绿色低碳产业联动增效项目

辽阳市 1个

21 中核集团辽阳 300 吨 / 年核级硼 −10 酸高科技新材料项目

铁岭市 1个

22 国家电投铁岭市百万千瓦级风光火储多能互补示范项目（一期）

葫芦岛市 1个

25 国家电网辽宁葫芦岛兴城抽水蓄能电站项目

朝阳市 2个

23 中国能建朝阳建平膨润新材料综合利用项目

24 华润集团朝阳年产 30 万千升啤酒生产基地项目

沈阳市：
跑起来　干起来　冲起来

"立春那天，产业园举办的今年首场招聘会上求职者爆满，全市当天还签约、开工了一大批重点项目。求职需求大，用人需求旺，我们的就业服务必须加紧跟上。"

2月6日，在中国沈阳人力资源服务产业园，产业园负责人马晓明介绍："在探索人力资源领域方面，我们已经与铁岭、阜新、本溪、辽阳等地全面合作，并在园区打造都市圈人才服务孵化中心。今年，我们每周六都将举办线下招聘会，每天都进行线上招聘，把线上、线下招聘会同都市圈人才交流合作充分结合并保持常态化，让人员和岗位流动起来、对接得上，真正发挥国家级平台的作用。"

举办招聘会、洽谈合作、对接入驻……年初至今，马晓明和同事迎来企业、协会、院校的考察和落户热潮。正月初六，产业园举行新春首场签约仪式，沈阳机盟通讯科技有限公司携通信行业赋能中心项目入驻。"企业比我们还要急，我们的一切工作安排都跟着企业需求走。"马晓明说。

坐不住、等不得，"拼、闯、干"的生动画面在沈阳各政府部门、企业、产业园区不断上演。全市上下各方面各领域全面跑起来、干起来、冲起来，以奋进姿态投身振兴发展一线，全力以赴拼出新春"开门红"。

沈鼓集团日前与中国石油吉林石化分公司就吉林石化120万吨/年乙烯装

上/ 沈阳市先进装备制造业企业开足马力保生产，通用技术集团沈阳机床的工人正在车间工作

下/ 在沈阳芯源微电子设备股份有限公司生产车间，技术工人在紧张地忙碌着

上／ 沈阳新松机器人技术人员在调试工业移动机器人设备

下／ 三一重装生产车间

置裂解气、丙烯和乙烯压缩机组项目成功签约，已拿下百万吨级乙烯"三机"大订单，打开新一年市场开拓新局面。

在刚刚落幕的中东和非洲地区规模最大的医疗展会——阿拉伯国际医疗设备展上，东软医疗携"数智化"创新成果亮相，现场斩获多个高端CT、PET/CT、乳腺机、DR等采购订单，实现海外市场"开门红"。

浑河南岸，沈阳国际软件园海外人才离岸创新创业基地也传来喜讯——"L—岩藻糖的制备技术"项目签订合作协议，将落地孵化。项目投产后，将建成国内第一条高纯度L—岩藻糖大规模生产线。"这是我们开年引入的首个海外高层次人才项目，实现海外智力资源招才引智'开门红'。"离岸基地负责人介绍，作为沈阳招才引智的重要载体和产才融合的重要平台，今年基地将进一步链接国内外创新资源，推动更多更优秀的科技成果落地转化，为沈阳乃至辽宁实现全面振兴新突破提供有力支撑。

▼ 宝马沈阳生产基地第 500 万辆 BMW 汽车成功下线

东软医疗 CT 设备生产线上，技术工人正在紧张工作

大连市：
开局即决战，起步即冲刺

2月6日，中铁上海局大连地铁5号线03标的施工现场机器轰鸣、热火朝天，500余名建设者紧张有序地运送材料、绑扎钢筋、浇筑混凝土。

"5号线今年3月开通运营，工期紧张，项目全体管理人员自告奋勇坚守岗位，确保施工质量与进度。"该项目负责人于海介绍。

大连地铁5号线为大连市重点民生工程，是贯通大连市核心区南北的骨干轨道交通线路。该项目对加速推进大连地区经济发展，构建"一湾两岸"滨海城市新格局具有重要意义。大连地铁5号线03标的施工包含石葵路站、劳动公园站以及石劳区间、劳青区间共2站2区间，主线全长约2000米，是全线重点难点控制性工程，施工工序多、施工难度大、作业风险高。

为确保工程如期完工，项目部成立保开通攻坚专班，现场二十四小时轮流值守，按照既定任务目标，倒排工期、挂图作战，日碰头、日交班，全方位协调解决现场技术、安全质量、物资机械、人员资金等困难。目前，劳动公园站及石葵路站附属结构已如期完工，施工人员正加紧完成剩余工程建设。

项目建设是稳增长、惠民生的重要基石。大连以"开局就是决战，起步就是冲刺"的干劲，抢先抓早推动项目开工建设，春节过后首个工作日，总投资达到838.6亿元的24个项目同时开工，目前这些项目正加速推进，在滨城大地展开一幅幅生机勃勃的"闹春图"。

右上 / 大连市民被地铁 5 号线唯美的亮化效果吸引

右下 / 在大连市光明路延伸工程建设现场，工人们正在加紧建设。
该工程是大连市重点民生工程，和大连湾海底隧道是一个整
体、两个子项工程。图为施工人员正在铺设路面

171

▲ 大连金普新区城区俯瞰图

总投资 30 亿元的黄泥川智能制造产业园项目，将积极布局智能制造产业发展，集聚一批半导体器件专用设备、敏感元件及传感器、人工智能、智能装备、机器人制造等高端项目和科技企业，成为大连高新区打造数字经济和实体经济融合发展"双引擎"的重要载体，年内计划完成投资 12 亿元。

在甘井子区，央地合作的大连电力创新产业园项目将创建 EPC 总承包项目示范基地，搭建新能源应用展示、科普教育及研究基地，有效改善地区电力营商环境，加快推动芯片制造、人工智能、大数据等产业创新发展。

据悉，2023 年大连市已谋划储备推进重大项目 3200 个，总投资 3.1 万亿元。与往年相比，项目数量和规模持续攀升，重大项目引领带动作用进一步显现。全市目前推进 50 亿元以上重特大项目 42 个，总投资 1.1 万亿元，其中，500 亿元以上项目 5 个，100 亿至 500 亿元项目 26 个。投资结构持续优化，绿色石化和精细化工、新一代信息技术、高端装备制造、新能源等产业项目数量占比达到 52%，同比增长 40.2%。推动央地合作重大项目 120 个，总投资 8577 亿元，涵盖先进制造业、现代服务业、新能源产业以及重大基础设施等领域。

鞍山市：
铆足干劲全力跑好开局"第一棒"

2月12日，辽宁紫竹集团鞍山紫竹科技型钢有限公司生产车间，分散在上料、轧钢、装配等工位上的200余名工人正在紧张忙碌着，一派赶订单、抢生产的火热景象。

"新年伊始，我们便签下了四川建昌至叙府的500千伏电网工程、顺德大桥、黔江大桥等多个项目的供货订单，上半年的生产计划已排得满满当当。为了加紧生产，春节期间都没停工。"紫竹集团副总经理王宏峰介绍，"目前，全集团上下正铆足干劲，比起来、拼起来、干起来，全力跑好开局'第一棒'，奋力夺取全面振兴新突破三年行动首年首季'开门红'。"

紫竹集团喜人的产销景象背后，是其创新驱动高质量发展的不懈努力。作为2022年度鞍山民营企业纳税十强前三名企业，紫竹集团始终坚持研发高端型材，先后开发出大跨径桥梁用U肋、特高压输变电铁塔用角钢、5G发射塔应用的耐候特钢等多项国家重点工程专用产品，集团生产的产品现已遍布全国各地，并出口60多个国家和地区。

"省委经济工作会议强调，要多策并举鼓励民营企业聚焦主业、苦练内功、激发创新活力、提升核心竞争力。这进一步增强了我们企业创新驱动发展的决心和信心。"王宏峰表示，今年他们将继续以市场需求为导向，进一步加大高端钢产品的研发投入，全力提升企业核心竞争力。

不仅紫竹集团，新春以来，鞍山市各重点企业订单饱满，干劲十足。位于台安高新农业产业开发区的辽宁安井食品有限公司生产车间内，同样是一派抓生产、促发展的火热场面。

"随着消费整体复苏，居民消费意愿明显增强。为满足人民旺盛的需求，我们正月初七开工后就开足马力、加紧生产。"辽宁安井食品有限公司总经理郁晓君介绍，在抢抓生产的同时，他们还在政府部门的大力帮扶推动下，加速推进三期年产14万吨速冻食品项目的建设，力争项目早日投产见效，为打好打赢新时代的"辽沈战役"贡献力量。

企业抢单忙生产，干部下沉忙服务。年初以来，鞍山市各级部门以"抓项目、进企业、解难题"专项行动为重要载体，纷纷下沉到振兴发展一线，深入企业生产及项目施工现场，全力帮助企业及项目解决生产经营、市场拓展、人才引进、融资信贷、用工等方面的难题，助力企业跑出高质量发展"加速度"。截至2月9日，鞍山全市776户规上工业企业实现应开尽开，开复工率达99.1%。

右上／近年来，鞍山市岫岩满族自治县积极打造地方特色产业，推动农业生产规模化、精品化、科技化发展，通过产业基地建设、产业链条延伸等方式助力乡村振兴，为村民拓宽致富路。图为种植户在岫岩满族自治县三家子镇的平菇大棚搬运蘑菇

右下／鞍钢股份炼钢总厂三分厂夜班出钢31炉，一举打破2016年创造的班产30炉的纪录；同时，当日钢产量刷新2018年创造的日产最高纪录，从84炉提高到90炉，产量从16105吨提高到17207吨，为实现一季度"开门红"目标打下坚实基础

抚顺市：
头部企业"引擎"轰鸣
下游产业聚链成群

2月13日，抚顺石化公司石油一厂石蜡成型车间，一块块雪白的蜡板沿着生产线缓缓移动，然后自动码垛、装袋、缝合、检秤。石油一厂厂长杨青松说："今年以来，我们精心管控装置的各项运行参数，实施差异化生产和精细化生产，石蜡收率大幅攀升。"

新年伊始，抚顺石化公司就传来令人振奋的好消息。2023年1月，企业原油加工量较2022年同期增加7万吨。石蜡、石油焦、烷基苯等产品产量均创历史新高，炼油高效特色产品收率同比提高两个百分点。

"开局就是决战，起步就是冲刺，企业干部职工正拉满弓、铆足劲，力争实现全年原油加工量完成830万吨以上、化工商品总量完成352万吨。"企业计划科科长王闯信心十足。

头部企业"引擎"轰鸣，下游企业活力满满。在辽宁鑫星新材料有限公司生产车间，抚顺石化生产的液蜡被加工成橡胶防护蜡、食品包装蜡、精密铸造蜡等特种蜡。

"抚顺石化产量稳步提升，为我们提供了更多的石蜡原料，满足了企业扩大生产的需求。今年1月，企业生产特种蜡3500吨，实现了开门红。"公司生产运营部经理张广威说。下一步，鑫星新材料将建一条管道，更加便捷地引入抚顺石化的液蜡原料。

上／ 西露天矿采矿排弃物堆场，已建起绵延不断的光伏"矩阵"，十分壮观。据了解，该项目一期工程已实现并网发电，项目全部建成后，年平均发电量将达 2.8 亿千瓦时

下／ 抚顺市清原抽水蓄能电站是国家重点能源工程，项目总投资约 109 亿元，总装机容量 180 万千瓦。这个"巨型充电宝"建成后，将成为东北地区最大的抽水蓄能电站。目前，整个工程的施工重点已由土建变为机电安装。图为工作人员正在安装设备

抚顺石化公司是石化产业链的头部企业，2022年公司实现产值550亿元、同比增长36%，拉动下游产值同比增长11%。目前，围绕抚顺石化公司已形成丙烯、碳四等八大产业链条，企业总数达百余家、产值超百亿元。

头部企业，牵一发而动全"链"，不仅在产业链上发挥牵引作用，还可带动一个区域的产业聚集，形成集群效应。2023年以来，抚顺市依托头部企业规划建设高品质产业集聚区，支持头部企业延伸产业链，逐步形成以头部企业为主体、链条企业集聚的产业集群生态圈。

在石油及精细化工方面，依托抚顺石化公司化工原料优势，推进抚顺石化公司与地方企业在原料互供等方面的合作，推进石油化工及精细化工产业链不断延伸发展。

在冶金材料深加工方面，依托抚顺特钢、抚顺新钢铁等企业，推进冶金材料产业链不断延伸发展，着力构建高端化、高质化、高新化的产业结构，整合资源协同发展，打造冶金原材料产业集聚核心区。

在装备制造产业方面，依托永茂建机、抚挖重工等企业的科技创新能力，重点发展建筑工程机械、高端履带起重机、全回转钻机等国内技术领先产品。

在绿色资源循环利用产业方面，以抚顺矿业集团有限责任公司为龙头，按照"以煤炭和油页岩绿色开采与综合利用为核心"的循环经济发展模式，进一步优化、完善循环经济产业链，提升价值链。

眼下，抚顺市正全力支持头部企业做大做强，加快推进形成"产业雁阵"，确保实现工业经济首季开门红，打好打赢"三年行动"首战。

本溪市：
起步即冲刺　振兴再加速

2月19日上午，本溪龙新矿业有限公司磨选主厂房内一片繁忙，工人正在溢流型球磨机旁仔细校准调试设备，确保试车过程万无一失。

"春节也没停工，一直在进行单机试车，目前已经进入联动试车阶段，各项工作都在有序展开，作业区以'开工即决战，起步即冲刺'的姿态，进入全面调试状态。"本溪龙新矿业磨选作业区作业长崔少文说。

本溪龙新矿业有限公司位于本溪市南芬区，整体规划年产3000万吨，最终铁精粉年产量将达1000万吨以上，主井深度为1505米，为亚洲铁矿行业最深井。

磨选作业是选别铁精粉过程中的一道重要工序，矿石在该作业区被破碎研磨。作业区内有六大主机设备，共计858台设备。"每一台设备都要单机反复试车，然后再联机运转，在保障安全的前提下，才能全面进入生产阶段。"崔少文说。

龙新矿业的开采加工已全面提速，公司常务副总经理姜作生表示，公司按照"一次规划、分阶段建设"原则，一期1500万吨采选工程分前后两期建设，前750万吨工程所需4条竖井已全部竣工，预计2023年6月投产，达产后铁精粉年产量为256万吨。后750万吨工程增设3条竖井，均在施工过程中，预计于2024年正式投入生产。

据介绍，该项目总投资达 58.13 亿元，预计年销售收入 37.7 亿元，年纳税可达 9.05 亿元。

龙新矿业的火热工作场景只是本溪市抢先抓早推动项目开工建设的一个缩影。在本溪市桓仁满族自治县，工程估算总投资 105 亿元、年抽水电量 35 亿千瓦时、年发电量 27 亿千瓦时的大雅河抽水蓄能电站下水库工程已建设完成，单项验收工作进入核准阶段。

本溪市高新区循环经济产业园基础设施建设等 46 个新建项目也已开工建设，本钢集团技术改造等 148 个续建项目复工复产，计划完成投资 35.5 亿元、同比增长 10%……截至目前，本溪市新开工建设项目已达 7 个、总投资 10.7 亿元，至 3 月将新增开工建设项目 39 个、总投资达 16 亿元。

据介绍，本溪市目前列入辽宁省重大项目管理平台项目 1114 个、总投资 3324 亿元、2023 年计划投资 255 亿元，其中亿元以上项目 311 个、总投资 2283 亿元、2023 年计划投资 152 亿元，10 亿元以上项目 41 个、总投资 1602 亿元，一个个重量级项目成为本溪在辽宁全面振兴新突破三年行动中展现更大担当和作为的硬核支撑。

上／ 龙新矿业有限公司思山岭铁矿采选工程续建项目

下／ 随着永桓高速、鹤大高速、通灌铁路、田桓铁路的陆续通车，桓仁满族自治县构建起了
四通八达的交通路网

183

丹东市：
数字赋能"新引擎"
抢先抓早"加速跑"

人勤春早百业兴。在早春时节的料峭寒意中，位于凤城经济开发区的凤城太平洋神龙增压器有限公司生产车间里一派热火朝天的繁忙景象。

人机协同作业、智能仓储物流……在神龙增压器数字化车间，一系列行业领先的工业互联网应用场景呈现眼前，工厂智能化生产场景随处可见。

"这是公司'数字智能工厂'项目建设的初步成果。目前，总投资3000万元的涡轮增压器智能工厂续建工程建设项目正在施工。项目建成后，年新增产值1亿元，新增利润1000万元。"公司总经理刘济豪介绍，企业正紧抓数字经济发展机遇，通过推进数字技术赋能制造业高质量发展，实现"智造"升级。

"目前，6000多平方米的立体仓库已实现物流从配盘、储存到线边配送等流程的全过程管控，采用智能化立库存放、智慧物流自动配送，配套自动出入库和台账管理，几名员工便可操作整个智能化仓储物流。"刘济豪介绍。

"今年的订单比去年增长25%以上，结合公司产能的增加，'数字化智能工厂'的续建项目建设必须抢先抓早。"刘济豪的话语中透露出企业对"智造"升级的迫切需求。

不仅太平洋神龙公司，凤城市东增铸造有限公司的"智造"升级也在悄然进行。公司投资5000万元建成的2000平方米智能化生产加工车间里，新购置的先进机加工设备正在满负荷运转。

"我们通过技术升级，实现了产品成品的深加工制造。"公司总经理陈希跃对技改升级后的企业发展充满信心，"公司以技术创新推动产业升级，实现产业链延链优化，继而形成增长新动能。"

"现在，园区已有 20 余家企业的技改升级初见成效。今年以来，又新增了 5 家企业投入技改升级中。"凤城经济开发区企业部部长于云清介绍。目前，凤城市共有增压器生产企业近 200 家，其中 38 家企业正在推进技术改造升级项目。做好增压器等汽车零部件传统产业的结构调整转型升级，凤城市正奋笔疾书。

以数字赋能为抓手促进"老字号"由硬变软，以延链、补链为重点加快"原字号"由短拉长，以培育龙头为目标带动"新字号"由小做大……2023 年，丹东市继续实施"百企百亿技改提升行动"，全年实施百企百亿技改项目 103 个，预计再增加 50 个数字化应用场景，工业企业上云率达到 15%，"数字丹东、智造强市"建设起步即冲刺，奋力实现辽宁全面振兴新突破三年行动首战告捷。

▼ 丹东曙光汽车集团黄海新能源生产基地总装车间

锦州市：
全力推进 14 个重点项目建设

3月9日，锦州数字城一期项目正式复工。项目建设现场，工人们正忙碌着安装电梯、装饰墙体、室内装修等工作。施工单位中铁十六局集团项目负责人燕永平介绍，2023年6月底，锦州数字城一期项目主体、给排水、电气、空调通风等工程将全部完成。

锦州数字城是2023年锦州全力推进的14个重点项目之一，这些项目总投资额超过500亿元，涵盖教育、城建、交通、化工、数字经济等多个领域。目前，锦州英东新能源发展有限公司900兆瓦风力发电项目、锦州港航道改扩建工程、锦州师范高等专科学校滨海新校区等重点项目也在全力建设中。

平静的海面上挖泥船正在作业，锦州港航道改扩建工程正在紧张进行。锦州港现有主航道为15万吨级，航道通航宽度为320米，底标高为–17.9米，项目利用既有航道改建，轴线不变，进行双侧加宽浚深，建设满足30万吨级油船吃水情况下乘潮进出港的单向航道。项目于2021年5月开工，预计完工时间为2024年。正在建设的锦州师范高等专科学校滨海新校区项目建筑面积共计202862平方米，包含各学院教学楼及其他建筑组团，配套建设校门、围墙、绿化景观、体育运动场等相关设施，建成后能容纳1.2万名学生。项目已于2022年5月开工，计划2023年9月投入使用。

2023年，锦州从1117个项目中选取14个亿元以上重点项目全力推进，

上／　锦州石化立足锦州，为地区石化及精细化工产业发展提供有力支撑

下／　锦州石化申报的发明专利"稀土催化剂、其制备方法及其应用"获得国家知识产权局授权。该专利为国内领先的稀土催化剂合成及新型稀土顺丁橡胶合成技术，标志着锦州石化在稀土顺丁橡胶合成技术领域的又一次重大突破。图为技术人员正在查看生产装置

187

以重大项目引领推动各项工作开展，持续增强发展后劲。总投资 100 亿元的宁德时代新负极材料一体化项目是宁德时代在长江以北地区投资建设的首个项目，如今项目 1 号、2 号厂房桩基础工程已基本完成，下一步将开始厂房主体建设工作，计划年内实现投产、达产。中国兵器集团北方能源基地项目总投资 74 亿元，项目拟于 2023 年 6 月开工建设，2025 年末竣工投产。

另外，14 个重大项目还包括：总投资 72 亿元的丙烷脱氢项目一期工程、总投资 78 亿元的锦州市石油储备库扩建项目、锦州英东新能源发展有限公司 900 兆瓦风力发电项目、国机集团（锦州）绿色超算中心建设项目、锦州市整合政府公共资源建设项目、锦州市古塔区城市更新项目、锦州市绕城公路建设工程、国家农业科技园区农渔产品加工冷链仓储物流交易中心基础设施项目和锦州体育文化公园工程等项目。

项目建设是经济发展的动力和引擎。2023 年，锦州坚持高位推动，深入落实由市政府领导牵头，各行业相关部门具体服务的重点项目包保工作机制。针对 300 个重点包保项目"精准滴灌"，坚持问题导向，明确服务要点，及时研究解决项目推进中的突出问题，形成项目建设的强大合力。通过项目建设调结构、补短板，培育新动能，推进绿色经济崛起，不断做大经济总量，增强经济实力。

营口市：
助企纾困出实招 民营经济"加速跑"

2023 年，位于营口市西市区的东北钢琴乐器有限公司成立融媒体直销中心，全部产品转为线上销售，这家有着 70 年历史的营口"老字号"企业迈出了适应时代发展、主动创新求变的坚实一步。

在直销中心展厅，东北钢琴新推出的两款新品吸引了众人目光。"静音钢琴"可以让学琴者戴上耳机练琴，不用再担心琴声扰民；"智能钢琴"可以连接手机播放曲目，实现自动演奏。公司董事长张晓文说："辽宁要振兴，企业当先行，我们要通过不断推出新产品来实现产品的更新换代，通过开拓线上市场来实现销售的转型升级，希望我们这家'老字号'民营企业焕发新活力，助力实现全面振兴新突破！"

营口市民营经济发展势头强劲。在《营口市民营经济发展"十四五"规划》中，营口提出通过增加民营经济市场主体、促进民营企业转型升级、鼓励支持民营企业上市、推动大中小企业融通发展，全面提高民营经济质量和水平。

2023 年，是实施"十四五"规划承上启下的关键之年，也是实施全面振兴新突破三年行动的首战之年。新年伊始，营口各部门就开始行动，深入企业排忧解难。各重点企业借势发力，抢开局抓生产，干劲十足。

最近，天元航材（营口）科技股份有限公司代理常务副总经理朱蕾正在为筹备公司上市忙个不停，在营口市金融发展局的助力下，该企业有望在今年

▲ 2023 年 3 月 16 日，辽港集团营口港集装箱码头分公司，"铭浩""中谷 21"等 11 艘船舶相继抵港，现场
装船作业一派繁忙。随着集装箱内贸航线的回暖，公司客户船舶运力同比增幅达 21.59%，面对不断加密的
集装箱船舶班次，公司通过新增岸桥、发挥自动化远控轨道吊不间断作业等优势，全力提高作业效率

▲ 中国（辽宁）自由贸易试验区营口片区重点发展商贸物流、跨境电商、金融等现代服务业和新一代信息技术、高端装备制造等战略性新兴产业，建设区域性物流中心和高端装备制造、高新技术产业基地，构建国际海铁联运大通道

完成上市工作。天元航材是国内商业航天所用固体推进剂领域的核心材料供应商，其产品曾应用于多个航天项目。"企业成功上市后，将增加研发投入，提升产能，开拓市场，加速做大做强。"朱蕾说。

在营口市、老边区两级政府支持下，营口大力汽保设备科技有限公司正积极"走出去"开拓国际市场。正在深圳参加展会的公司销售部部长孔凡雨说："今年，我们要实现国际市场销售额同比增长 30%、营收同比增长 20% 的目标。同时，积极推动高端产品技术革新。"

2023 年年初以来，营口市提早谋划，周密部署，落实落细各项责任，积极助力企业做大做强，全市干事创业开新局的气氛空前高涨。据统计，2023年 1 月，营口市新增市场主体 1464 户，新增企业 427 户。营口市计划，到2025 年，全市民营经济占地区生产总值比重达到 85%，民营经济市场主体达到 28 万户，民营企业数量达到 6 万户。

阜新市：
向"新"而行　提质转型"加速跑"

新春伊始，阜新新能源产业热潮涌动，奏响争分夺秒谋发展的奋斗乐章。

2月9日，在嘉寓未来能源科技（阜新）有限公司高效光伏组件生产基地，一派繁忙而有序的生产景象。车间里自动化生产线飞速运转，经过全自动排版、层压、固化和灌胶等程序，不一会儿，一块块高效太阳能组件便完整地呈现在眼前。

嘉寓阜新高效光伏组件生产基地是2022年我省15项重大工程之一，2022年11月9日竣工投产，年产值达40亿元。这里不仅生产传统P型电池片，还生产技术含量更高的N型异质结电池片，能量转换效率超过21%，是业内自动化程度高、产品品类全、技术先进的工厂。

"车间恒温恒湿，生产过程中要保证足够的清洁度，哪怕是一根小小的头发丝，都会影响成品质量。"嘉寓东北区域品牌经理郑世伟介绍，"这个车间不仅'干净'，而且智能，是按照工业4.0标准打造的智能化制造车间，搭载全自动制造执行系统（MES），管控生产过程的物料、品质、人员、设备、工装等相关生产要素，实现一体化智能制造管理。在这里生产的每件产品，都能追踪溯源，确保品质。"

阜新位于松辽清洁能源带黄金位置，年风力发电小时数和光伏发电小时数均排在全省首位。2023年，阜新将加快构建"产储用"三位一体的新型能源体系，着力打造千万千瓦级新能源发电、高端装备制造和就地消纳三大基地。

在打造千万千瓦级新能源发电基地方面，截至目前，阜新新能源装机规模已占全市发电装机规模的 66.5%。

在打造高端装备制造基地方面，辽宁（阜新）新能源高端装备制造产业园开工建设；大金重工股份有限公司成为国内首家出口欧洲海上风电塔筒的风电装备制造企业；力达铸造风机铸件、阳光电源光伏逆变器项目为打造高端装备制造基地再添新军。

在打造就地消纳基地方面，阜新突破传统的"发电卖电"模式，探索"新能源 + 消纳场景""新能源 + 装备制造"的发展思路，在清河门区、新邱区等区域谋划"源网荷储一体化"示范项目及绿电示范园区，努力打造"电价洼地""招商高地"，吸引高端合金材料、高端铸造、铝基硅基新材料、新能源高端装备制造等产业项目投资，加快重点领域、重点产业、重点企业绿电替代试点，实现能源优势向产业优势、经济优势的转变。

阜新新能源产业正为打好打赢三年行动首战，确保实现首季开门红蓄势蓄能。

右上 / 阜新市建材企业积极推进数字化转型，使企业动能得到充分释放
右下 / 阜新高端装备制造类企业发展势头迅猛

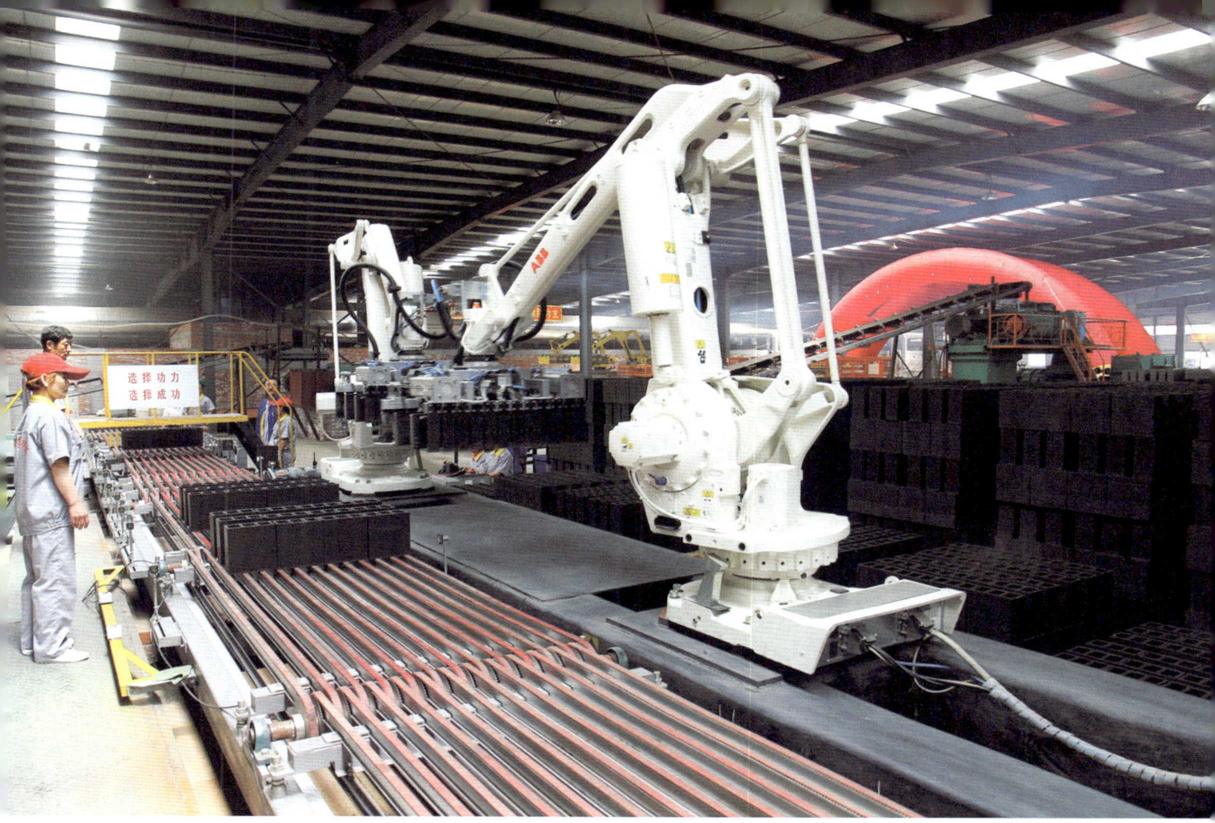
选择功力
选择成功
ABB

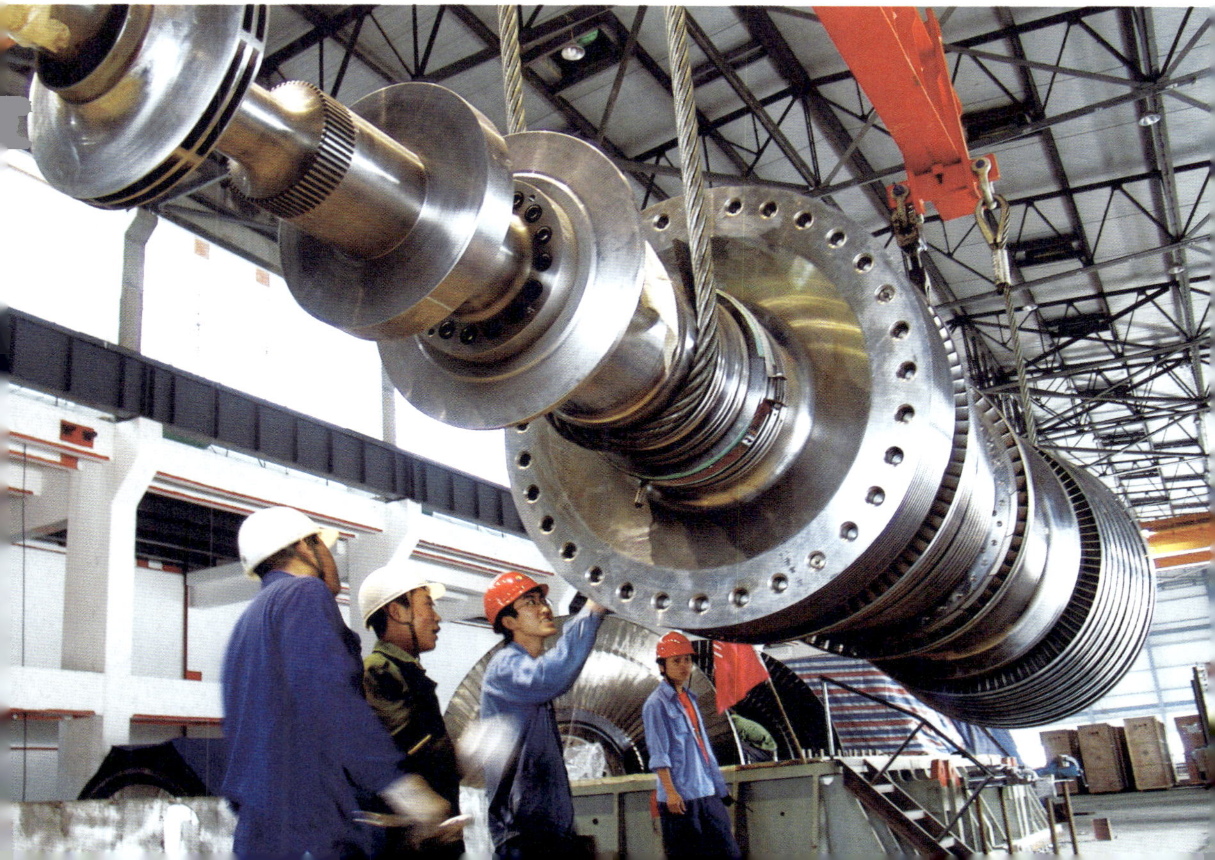

辽阳市：
项目落地年　跑出"加速度"

　　1 月 28 日，辽阳市召开全市项目落地年活动暨实绩考核工作会议，提出要切实扛起责任，努力跑出"加速度"，确保项目落地年活动高起点开局、高质量推进，为完成全年经济社会发展目标、实现全面振兴新突破三年行动首战告捷奠定坚实基础。

　　2022 年，辽阳市高效统筹疫情防控和经济社会发展，牢固树立"项目为王"理念，项目建设成效显著。固定资产投资同比增长 8.7%，增幅居全省第四位；招商引资国内到位资金同比增长 26.7%，增幅居全省第三位。

　　2023 年，辽阳市继续以"项目落地年"为抓手，聚焦重点，全力以赴掀起项目建设新热潮。项目建设总体目标是：实施 1000 个投资 500 万元以上项目，其中亿元以上项目 330 个，确保开复工率均达到 90% 以上。招商引资签约项目 220 个、落地项目 150 个，引进国内实际到位资金和转化固定资产投资均增长 10%。

　　为此，辽阳市采取务实管用措施，聚焦上情下情，抓好项目谋划；聚焦重点方向，全力招引项目；聚焦发挥效益，

加快项目建设；聚焦项目承接，加强园区建设；聚焦项目需求，做好要素保障；聚焦营商环境，优化项目服务。大抓项目、抓大项目、抓好项目，并将之转化成经济社会发展的动力。

为确保项目落地年取得成效，加速推进项目建设，辽阳市紧盯时间节点，细化分解目标，制定推进项目建设"时间表"和"任务图"。一、二季度要聚焦"开门红""双过半"，确保开复工率分别达到30%、60%；三季度要着力找差距补短板抓攻坚，确保开复工率达80%；四季度要围绕全年圆满"收官"，确保开复工率达90%以上。

辽阳市2023年将把谋划实施330个亿元以上投资项目作为关键目标，做到前期项目抓对接、保开工，在建项目抓进度、保节点，竣工项目抓配套、保投产，更好地发挥大项目"压舱石"作用，为经济高质量发展提供有力支撑。

▼ 辽阳市成功创建国家森林城市，跨步迈向宜居宜业幸福之城

铁岭市：
精准发力　狠抓项目　招引落地

　　带着中欧班列"铁岭号"的成本优势，带着发展风电、光电、储能的资源优势，到北京的央企国企总部对接项目；瞄准汽车刹车片、电池拆解、新能源物流车等项目，奔赴深圳、广州等地广泛洽谈推进；整合传统农业大市在粮食产量和生猪产能上的优势，前往河南漯河、驻马店等地的食品产业园、农产品深加工企业推介项目……

　　全面振兴新突破三年行动首战之年，铁岭市从新年伊始就展示出昂扬向上的奋斗姿态。2023年前两个月，铁岭市委、市政府主要领导多次带队开展招商活动、推进重点项目，取得阶段性成果。

　　辽宁省启动实施全面振兴新突破三年行动后，铁岭市迅速行动，认真学习、深刻领会决策部署，并结合铁岭实际把重点任务落实为具体行动。尤其在项目建设上，铁岭市紧盯省委战略部署，积极在"十个新突破"中寻找发展机遇，围绕农产品精深加工、新能源、新科技、新业态等着力点精准发力。

　　从市委常委做起，从市级领导做起，扑下身子、沉到一线，带动广大党员干部把更多时间和精力投入招商引资工作中，把产业链条研究透、把招商对象研究透、把产业政策研究透，真正做到精准发力。在每一次招商活动前都扎实做好各项准备工作，紧盯重点任务，开展前期对接，精心安排行程，梯次推进项目，确保招商引资工作落到实处、取得实效。

铁岭市各县（市）区也把项目招引作为"主战场"，制定工作方案，分解引资任务，在开年之后就掀起招商热潮。作为铁岭市高质量发展的两支"跳高队"，铁岭县新签约项目34个、签约金额达59.7亿元，调兵山市新签约项目16个、签约金额达41.3亿元，招商引资工作双双实现"开门红"。

　　为确保每一个项目都"盯得紧""接得住"，铁岭市建立"专人专班"工作机制，为重点在谈和对接项目配备工作专班、委派牵头领导，既要破解项目引进过程中遇到的堵点、难点问题，也要切实做好项目落地后的服务工作。

　　亮出精气神，拿出真本领，在高质量发展赛道上"比学赶超"，铁岭市干事创业的热情空前高涨。

▼ 2023年3月7日，铁岭市凡河新区东北物流城南侧广场农机展暨辽宁（铁岭）第十一届现代农机装备展示交易会盛大开幕，在实现农机展会提升品牌效应的同时，也将通过展会宣传推介铁岭，带动产业发展

朝阳市：
狠抓项目招引落地　培育壮大振兴动能

　　2 月 20 日，朝阳浪马轮胎有限责任公司车间里一派繁忙的生产景象，工人正在加紧赶制订单产品，奋力冲刺首季"开门红"。在年产 20 万套工程胎项目指挥部，项目负责人亢忠学正在与工程技术人员商讨新建厂房的规划事宜。

　　"时间紧、任务重，我们必须与时间赛跑！年产 20 万套工程胎项目于今年 2 月 6 日正式启动，第一阶段新建厂房 2.6 万平方米，新增工程胎四鼓成型机、工程胎钢圈机等设备 30 台（套），计划今年 10 月 1 日试生产。目前，我们坚持'能早则早、能快则快'的原则，全力抢工期、赶进度，争取项目建设早竣工、早投产、早达效。"亢忠学说。

　　浪马轮胎是中国橡胶工业百强、世界轮胎七十五强，2022 年年产轮胎 480 万条，销售收入达 34 亿元。公司在巴基斯坦合资工厂建成投产，当年生产轮胎 28 万条，成为我省在"一带一路"沿线国家建设的标志性项目。2023 年，公司再次在朝阳投资 4 亿元，新建 20 万套工程胎项目，项目全部建成后，将新增销售收入 10 亿元。

　　与浪马轮胎一样，年初以来，在朝阳处处可见快马加鞭、大干快上的项目建设场景。在全面振兴新突破三年行动首战之年，朝阳全市上下立足一个"早"字，把项目建设作为推动高质量发展的"强引擎"和"硬支撑"，一手抓新建项目开工，一手抓续建项目复工复产，并全力抓好招商引资工作，形成开工一批、建设一批、储备一批的良性循环。

1月31日，农历正月初十，朝阳市招商引资推介会暨集中签约仪式在深圳举行。此次活动共邀请到160家企业、188名企业家参会。会上集中签约了医疗信息、智能制造、新能源、环保装备等领域的17个重点项目，总投资达79.2亿元。

这是朝阳市2023年域外招商首场集中推介会，也是朝阳市招商引资项目建设突破年的首战。

开局就是决战，起步就是冲刺。朝阳围着项目转、扭住项目干，对项目再梳理、再调度，为每个重大项目建立全周期台账，挂图作战、倒排工期，确保全年开复工项目1000个以上，一季度新开工项目123个，二季度达产项目160个，动态储备项目1000个以上，年度完成投资500亿元以上，发挥重大项目拉动作用，确保全面振兴新突破三年行动首战告捷。

▼ 2023年2月10日，记者在朝阳市龙城区风电项目220千伏送出工程现场看到，国网朝阳供电公司职工在铁塔上加紧施工，现场一片繁忙景象。该工程全长19.5公里，线路途经多个乡镇，预计今年3月末竣工投运，届时将进一步满足地方电力供应，助力新能源发展

盘锦市：
锚定五方面发力
推动高质量发展起势提速

　　早春时节，盘锦市处处抓项目、忙生产、促投资。落实省委部署，打好打赢新时代"辽沈战役"，盘锦市上下"一盘棋"，立足资源禀赋，发挥区位优势，在工业增长、乡村全面振兴、石化及精细化工产业发展、生态建设、央地合作五方面为全省作贡献，推动高质量发展起势提速，在新时代辽宁全面振兴中走在前列。

　　坚持"工业强市"，盘锦市全力做好结构调整"三篇大文章"，充分发挥重点企业战略支撑和重大项目牵引拉动作用，壮大工业产业集群，做强工业经济。着力发展壮大石化及精细化工产业集群、粮食和精深加工产业集群、电子信息产业集群。在电子信息产业方面加快推动中蓝电子产品转型升级。

　　全面推进乡村振兴，盘锦市守牢耕地保护红线和粮食安全底线，稳定粮食播种面积和产量。提升盘锦大米、河蟹品牌价值，整合推广"红海滩"品牌；建设宜居宜业和美乡村，累计创建省级美丽宜居村达到156个。

　　聚焦产业优势，盘锦市推进"减油增化""减油增特"，全力打造石化及精细化工全产业链，建设产业基地，研发高附加值石化及精细化工产品，推动产业链向价值链高端转型。同时发挥盘锦精细化工中试基地全省典型示范基地的作用，壮大"大化工＋精细化工"产业集群，目前已完成6个项目中试并实现成果产业化。

上／　宝来利安德巴赛尔有限公司主厂区

下／　辽宁中蓝光电科技有限公司镜头产品组装车间

▲ 2023 年 3 月 29 日上午，全省瞩目的精细化工及原料工程项目开工仪式在盘锦市举行。该
项目是我省打造万亿级石化及精细化工产业基地的支撑项目，在辽宁全面振兴新突破三年
行动中写下浓墨重彩的一笔，唱响新时代"辽沈战役"的铿锵战歌。图为华锦化工厂区

坚持"生态立市"，盘锦市以更高标准打好蓝天、碧水、净土保卫战，构建绿色低碳循环发展经济体系和科学的环境治理体系。擦亮"国际湿地城市"品牌，抓好协同创建辽河口国家公园的重大任务，统筹推进辽河流域综合整治和一体化保护修复，提升生态系统多样性、稳定性、持续性。

　　深入实施"央企+"行动，盘锦市打造全国央地融合发展典范。目前，全市央地合作项目25个，总投资1498.7亿元，累计完成投资148.9亿元，2023年计划投资245.1亿元，涉及11家央企。

▼ 辽河油田清洁生产实现了工业文明与生态文明的和谐统一

葫芦岛市：
开辟科技招商"新赛道"

　　2023 年 2 月的一次招商，引来 5 户高新技术企业，吸引国家级科研院所到葫芦岛考察。不同于传统资本招商，葫芦岛市开辟科技招商"新赛道"，快速集聚创新要素，切换转型发展动能，驱动科技创新工作驶上发展"快车道"。

　　科技创新是企业转型发展、城市经济腾飞的"强引擎"，科技招商更是其中"关键一招"。为做好这项工作，葫芦岛市出台《葫芦岛市科技招商三年行动计划》。围绕石油化工、有色冶金等四大支柱产业，新材料、新能源等八大新兴产业，基础化工及精细化工等 7 个"千百亿"产业集群，将相关领域 25 个关键技术需求清单、184 家科技型企业纳入重点科技招商项目库，精准固链、延链、补链、强链。

在推动科技招商过程中，葫芦岛市开展"百家科研院所进葫"活动。多次召开"科技招商鹊桥会"，与先进金属材料涂镀国家工程实验室等8个国家级科技平台签约合作，并组建中科院长春光机所葫芦岛产业技术研究院等科创机构，集聚一批相关科技企业。开展"百家科技企业进葫"活动，招引北京九鼎通信设备有限公司等高新技术企业落户兴城经济开发区。依托中核集团徐大堡核电站等项目，兴城计划柔性引进院士等高端人才，启动核关联产业园建设工作，吸引涉核科技企业入驻，打造核科学技术研究应用前沿阵地。

依托"带土移植"工程，葫芦岛市深入实施"兴葫英才计划"。2022年获批省级产学研联盟11个，同比增长120%；争取省级以上各类科技计划项目19个，重点实施"揭榜挂帅"科技攻关项目4个，"带土移植"项目2个。

2022年，葫芦岛市研究与试验发展投入占国内生产总值比重、科技型中小企业增长率两项主要高质量发展指标迅速升到省内中游位次。推进"京津冀研发孵化，葫芦岛转化产业化"，吸纳科技成果转化数量214个，吸纳科技成果转化资金92.2亿元。全市科技型中小企业注册数达到224家，增长22%；"雏鹰"企业达到58家，同比增长70.6%；"瞪羚"企业达到12家，同比增长50%；高新技术企业达到113家，同比增长15.3%。

右上／ 西门子工业透平机械（葫芦岛）有限公司生产忙

右下／ 2023年是京哈高速改扩建工程承上启下的关键之年。2月15日，京哈高速公路葫芦岛段改扩建工程建设现场，工人们正紧锣密鼓地进行施工作业。京哈高速公路绥中（冀辽界）至盘锦段改扩建工程，主线扩建路段采用双侧拓宽的方式，扩建为整体式双向十车道，路线全长约238.044公里

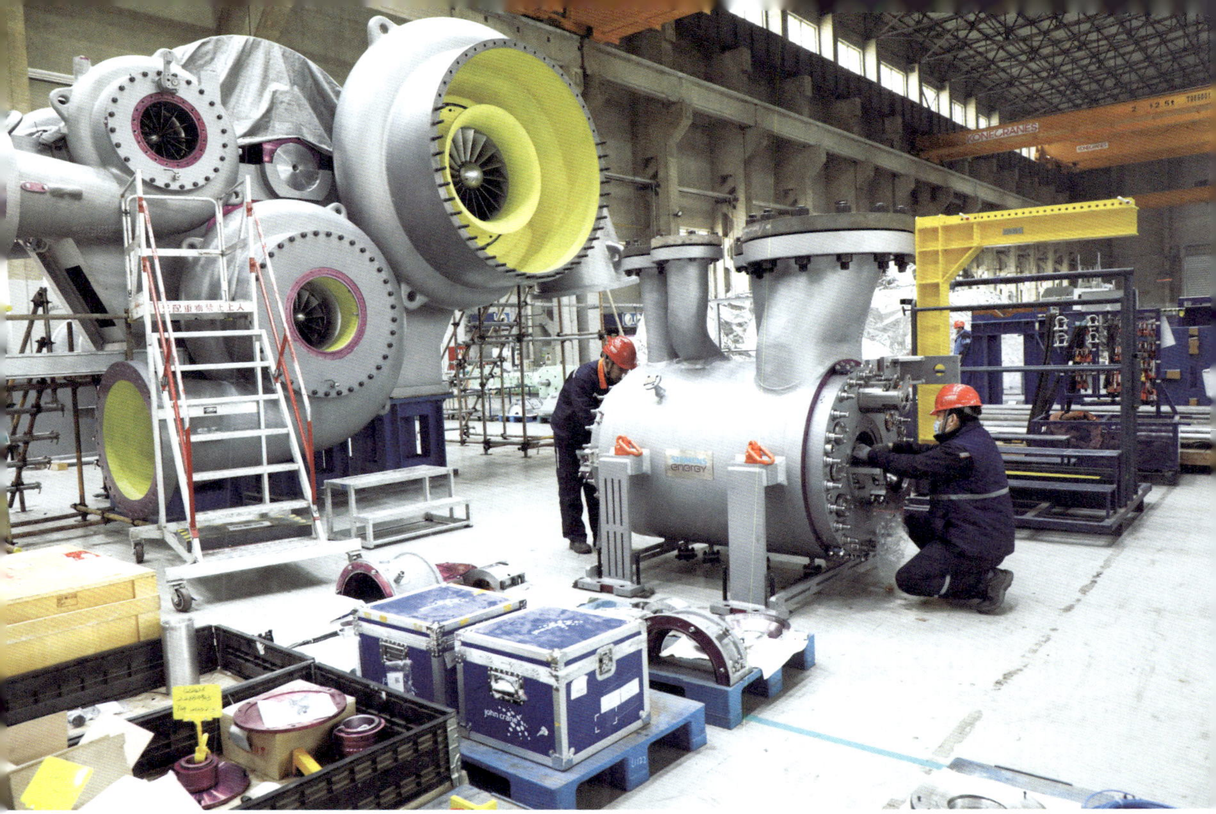

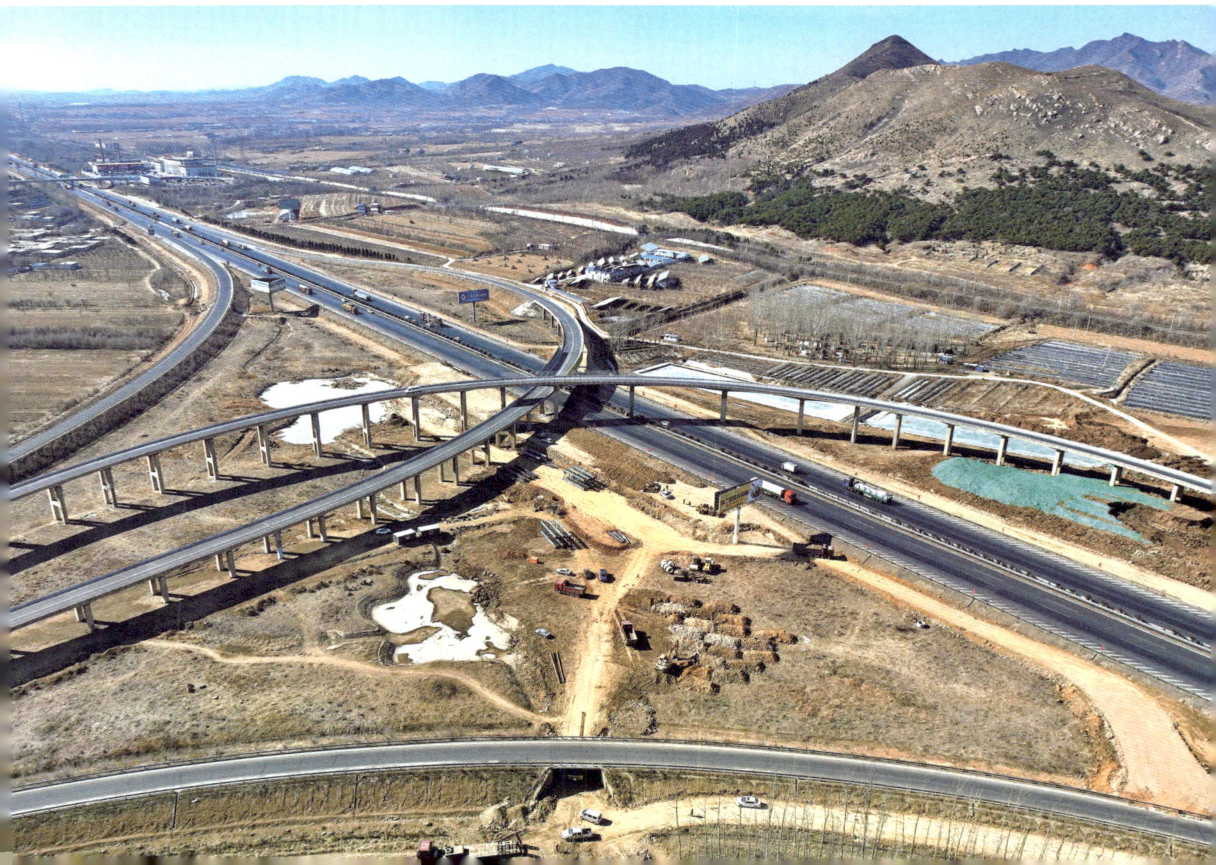

沈抚新区：
抢抓机遇加"数"跑

　　这个兔年春节，沈抚改革创新示范区数字经济产业园 C 园负责人白欣卉过得忙碌而充实。为了抢投资、谋合作，她在春节假期就从沈阳奔赴北京，拜访客户，推介项目，将产业园招商工作开展到企业"家门口"。

　　"兵贵神速。打好打赢新时代'辽沈战役'，和时间赛跑才能成为胜利者。沈抚示范区乃至辽宁有着发展数字经济的有利条件，我们必须抓住机遇，开足马力抓园区招商。"在 2023 年沈抚示范区产业园区座谈会上，白欣卉表明了今年要大干一场的决心。

　　抢时间，拼速度，忙招商。当前，观察沈抚示范区招商引资工作，一股拼抢的冲劲儿在涌动。2 月 4 日，沈抚示范区管委会相关负责人表示，今年以来，

沈抚示范区继续锚定数字经济产业，围绕云计算、物联网、大数据、人工智能、工业互联网、区块链等细分产业招项目、扩投入、优服务，培育壮大数字产业集群，一批批"新字号"项目正在加速布局。

数字经济产业园是当地发展产业的主要载体，也是招商引资的重要平台。近年来，沈抚示范区围绕云计算、物联网、大数据、人工智能、工业互联网、区块链等细分产业方向设立了6个数字经济产业园。今年以来，当地继续强化对新门类产业链的研究分析，力求精准选择产业布局优、带动作用强、示范效应好的高质量项目落户数字经济产业园。沈抚示范区利用大数据挖掘和分析手段建立起"产业链图谱招商平台"，凭借此平台，招商人员可以选定条件、筛选搜索，锁定契合发展需求的优质企业。

"我们园区去年运行以来，引入20余家高新技术企业，实现纳税额2.1亿元，抖音创新实验室目前已落户园区。新的一年，我们将继续精准招商，吸引更多企业加快落户。"数字经济产业园F园负责人陆洋说。截至2023年1月底，数字经济产业园内的数字经济企业已近200家。

项目能够引进来，还要落得快、服务好。近年来，沈抚示范区多个与经济有关的职能部门打破重组，党工委班子成员"挂帅"任招商分部部长，构建"大

招商"运行机制和"全员招商"管理模式，从资源配置上向项目倾斜，针对引进项目设立服务专员，对项目全程"一对一"专业服务，极大提升了项目落地推进效率。一系列举措之下，沈抚示范区发展数字经济的规模效应初显，数字辽宁——西门子赋能中心、辽宁龙芯智慧产业集群等一批重点企业和项目签约落地。

"坐在草地上的只是空谈，干在工地里的才是实干。"沈抚示范区管委会相关负责人表示，2023 年将继续瞄准优质数字经济企业，增强"起步即冲刺"的精气神，谋划、储备、实施一批具有时代感的高质量项目群，当好打好打赢新时代"辽沈战役"的"排头兵"。